図解法律コース3
取締役のための法律知識

_{弁護士} 小澤 和彦=監修　総合法令出版=編
Kazuhiko Ozawa

通勤大学文庫
STUDY WHILE COMMUTING
総合法令

まえがき

本書『通勤大学　図解法律コース3　取締役のための法律知識』は、現在会社の取締役の地位にある、あるいはこれから取締役になるビジネスマンをターゲットに、取締役として「知っておくべき」「知らなかったではすまされない」ビジネス法務の基礎知識を網羅的に解説したものです。

2006年の会社法の制定によって、株式会社の資本金制度がなくなり、誰でも簡単に起業したり、経営陣に名を連ねることで取締役になれるようになりました。しかし、その一方で、ここ数年、企業の社会的責任はますます重くなり、不祥事が起きる度に取締役の責任が追及されることが増えており、安易な気持ちで取締役になると大変なことになります。

本書は取締役という、一般従業員や管理職とはまったく違った責任を負わなくてはならない立場にあるビジネスマンが、難解な法律知識の基礎を短時間で学んでいただくために、1テーマを見開き2ページの図解つきで解説しています。毎日の通勤時間などの空き時間をぜひ有効に活用してください。

総合法令出版

目次

まえがき……3

第1章 取締役の法律的立場

1 取締役と従業員の違い① 雇用契約と委任契約……12

2 取締役と従業員の違い② 会社と第三者に対する責任……14

第2章 株主と株式会社の機関

1 株主主権とコーポレートガバナンス……18

2 株主の義務と権利……20

3 株式会社の機関……22

4 株主総会……24
5 取締役会・代表取締役……26
6 監査役……28
7 監査役会……30
8 会計参与……32
9 会計監査人……34
10 委員会設置会社における取締役……36
11 委員会設置会社①　執行役……38
12 委員会設置会社②　三委員会……40
13 【参考】執行役員……42

第3章　取締役の権限・義務・責任

1 取締役の権限……46
2 取締役の義務①　善管注意義務と忠実義務……48

第4章　株主総会

3 取締役の義務② 利益相反取引の制限……50
4 取締役の義務③ 競争避止義務……52
5 取締役の責任① 概論……54
6 取締役の責任② 任務懈怠責任……56
7 取締役の責任③ 利益供与……58
8 取締役の責任④ 違法な剰余金の配当……60
9 取締役の責任⑤ 第三者に対する責任……62
10 取締役の責任⑥ 取締役の責任免除……64
11 特別背任罪……66
12 違法行為差止請求権……68
13 株主代表訴訟① 概要……70
14 株主代表訴訟② 訴訟の流れ……72

1 株主総会の決議事項と決議要件……76
2 議決権……78
3 株主提案権……80
4 株主総会の招集……82
5 株主総会当日の運営と議事録の作成……84
6 株主総会の瑕疵……86

第5章　取締役会

1 取締役会の権限……90
2 内部統制システムの構築……92
3 取締役会の招集①　招集手続……94
4 取締役会の招集②　招集通知……96
5 取締役会の決議……98
6 特別取締役による決議……100

7　取締役会議事録……102

第6章　取締役の任免と処遇

1　取締役の資格……106
2　定款における取締役の資格制限……108
3　取締役の選任と就任……110
4　取締役の退任……112
5　取締役の解任……114
6　取締役の任期と労働条件……116
7　役員報酬の範囲……118
8　退職慰労金……120

第7章　いろいろな取締役

1 代表取締役① 権限と責任……124
2 代表取締役② 選任と終任……126
3 社外取締役……128
4 使用人兼務取締役……130
5 役付取締役……132

第8章 会社の整理

1 倒産会社の整理……136
2 私的整理の進め方① 私的整理とは何か……138
3 私的整理の進め方② 私的整理の開始……140
4 私的整理の進め方③ 債務整理契約から配当まで……142
5 破産手続の進め方① 破産の申立て……144
6 破産手続の進め方② 破産手続開始とその後の手続……146
7 破産手続の進め方③ 各種債権者の種類と優先順序……148

8 特別清算① 概要と申立て……150
9 特別清算② 特別清算開始……152
10 特別清算③ 協定の可決・認可……154
11 民事再生手続の進め方① 立法経緯および概要……156
12 民事再生手続の進め方② 再生手続の申立て……158
13 民事再生手続の進め方③ 再生開始決定……160
14 民事再生手続の進め方④ 再生債権者の権利と再生計画……162
15 倒産防止と会社更生① 会社更生の概要と特徴……164
16 倒産防止と会社更生② 会社更生手続（申立から開始決定まで）……166
17 倒産防止と会社更生③ 更生手続開始から更生計画の認可……168
18 倒産防止と会社更生④ 会社更生法上の各種債権の回収……170
19 会社整理時の取締役への請求①……172
20 会社整理時の取締役への請求②……174

装丁　八木美枝　本文図版　横内俊彦　本文イラスト　大橋ケン

第1章 取締役の法律的立場

1 取締役と従業員の違い①　雇用契約と委任契約

　取締役と一般の従業員とでは、どのような違いがあるのでしょうか。

　従業員は会社との間に雇用契約を締結し、会社の指揮監督に従って労働力を提供するのと引き換えに、賃金を受け取ります。そして、労働基準法をはじめとするさまざまな法律や会社の就業規則によって、賃金の支払、労働時間、休憩・休日、退職・解雇などのさまざまな面で保護されています。

　一方、取締役は、会社の所有者である株主と委任契約を結び、経営のプロとして業務執行を任され、その対価として**報酬**を受け取ります。したがって、労働基準法やその他の法律が従業員に認めている保護は原則として取締役には認められませんし、就業規則も適用されません。取締役だけではなく、この本でも説明する監査役や会計参与な
どのその他の「役員」もみな労働基準法や就業規則の対象となる従業員ではありません。

　具体的に説明してみましょう。たとえば、会社が従業員を解雇しようとする場合、労働

第1章　取締役の法律的立場

基準法は「合理的な理由」と「相当性」がなければできないとしています。そして、これらがあったとしても、会社は30日前に解雇予告するか、予告手当を払わなければなりません。一方、取締役の場合は、委任契約の「相互解除の自由」の原則によって、委任契約をいつでも解約したり、解約される立場にあります。したがって、会社は原則としていつでも取締役を解任することができるのです。

他にも、会社が倒産した場合、従業員の給料は他の債権者に優先して支払われなければなりませんが、取締役にはこれは認められず、他の債権者と同じ扱いになります。

このように、取締役と従業員は会社に対する立場に大きな違いがあります。

2 取締役と従業員の違い② 会社と第三者に対する責任

前項で説明したように、取締役は、会社の所有者である株主から会社の業務執行を委任されている立場にあります。具体的には、会社の経営方針を決定する決定機能と、経営方針がきちんと執行されているかをチェックする監督機能を果たします。また、個々の取締役は、さらに経営方針を実行する執行機能も果たします。

したがって、取締役はまず株主に対して責任を負います。つまり、取締役が不注意で業務上誤った判断や行動を行ったり、不正行為を働いた結果、会社に損害を与えた場合、会社や株主は、職務怠慢を理由に、取締役に対して損害賠償を求めることができます。

また、取締役の責任は株主に対してのみ負うわけではありません。取締役が意図的あるいは重過失（ひどいミス）によって、会社以外の第三者（取引先や消費者など）に損害を与えたり、株式・社債などの引受募集の通知書や決算書などの計算書類に虚偽記載を行った結果、第三者に損害を与えた場合は、取締役はその第三者に対しても損害賠償責任を負

第1章 取締役の法律的立場

うことになります。

このような株主や第三者に対する損害賠償責任は、当然ながら一般従業員には関係なく、取締役のみが負うものです。取締役という立場がいかに大きな責任を持つものであるか、おわかりいただけたのではないでしょうか。

もちろん、ひと口に「取締役」と言っても、会社の機関設計の違いによって役割や義務に若干違いが出てきますし、「取締役営業部長」のように従業員としての立場も兼ねている場合は、従業員として保護されることが認められる部分もあります。

これから一つずつ説明していきましょう。

第2章 株主と株式会社の機関

1 株主主権とコーポレートガバナンス

株式会社の所有者(オーナー)は、出資を行った株主です。

したがって、本来はオーナー会議である株主総会で株主が会社の運営に関するあらゆる事項を決定するべきですが、すべての株主が経営に関する深い知識や豊富な経験を持っているわけではありませんし、そもそも経営に興味のない株主もいます。また、広範な株主から出資を募ることで多額の資金を集めることができるのが株式会社の利点でもあります。

そこで、株主は株主総会で取締役を選任し、実際の経営の業務執行を委任します。そして、取締役で構成される取締役会が会社の具体的な経営方針を決議し、個々の取締役が実際の業務の執行を行います。

ただし、これでは取締役や代表取締役が株主の利益を無視した経営を行う恐れが出てきます。そこで、監査役や監査役会、委員会設置会社における監査委員が株主の代わりに取締役の業務執行状況をチェック(監査)することになります。

第2章 株主と株式会社の機関

コーポレートガバナンス

会社は株主のもの（株主主権）

↓

コーポレートガバナンス（企業統治）
- 情報開示（ディスクロージャー）
- 法令遵守（コンプライアンス）　｜ 経営の健全性
- 経営者の監視

このように、株式会社においては、「会社の所有者は株主である（**株主主権**）」という大原則のもと、各機関ごとの役割分担が行われています。

取締役の権限や義務、責任も株主主権の原則に基づいて定められています。しかし、日本では長い間、株主の権利が軽視され、取締役や代表取締役の独断専行によるさまざまな不祥事が行われてきました。近年、会社の経営の健全性を取り戻すためのコーポレートガバナンス（企業統治）が叫ばれていますが、株主主権はその大前提となる考え方です。

したがって、取締役の法律について学ぶ場合、当然株主や他の機関に関する知識も必要です。次項以降で詳しく説明していきます。

2 株主の義務と権利

株式会社は株主から構成されており、株主は会社に対して一定額の出資を行い、その出資額の範囲内だけの責任（間接有限責任）を負う義務を持っています。

一方、株主は会社に対し、次の2つの権利を持っています。

① **自益権（出資者として経済的利益を受ける権利）**

典型的なものとしては、利益配当請求権、会社が解散したときの残余財産分配請求権がありますが、そのほかに株式買取請求権、単位未満株の買取請求権、名義書換請求権などがあります。

② **共益権（オーナーとして会社の経営に参画する権利）**

本来は株主自身が会社の経営に参画するのが建て前ですが、ある程度の規模を持つ会社の場合、経営を取締役に委任し、株主は取締役の業務執行を監督するのが一般的です（所有と経営の分離）。この共益権の典型的なものとして、議決権、提案権、質問権がありま

第2章 株主と株式会社の機関

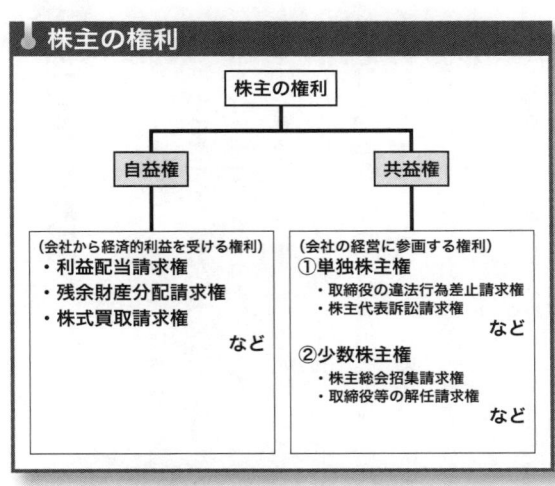

すが、所有株式数によって次のように権利が異なります。

・単独株主権（一株の株主でも行使できる権利）

総会決議取消訴権、新株発行無効訴権、設立無効訴権、累積投票請求権、代表訴訟提起権、取締役等の違法行為差止請求権、書類閲覧権、議決権、質問権

・少数株主権（発行済株式総数の一定割合を持つ株主だけが行使できる権利）

総会招集権、取締役等の解任請求権、整理申立権、清算人解任請求権、帳簿閲覧権、検査役選任請求権、解散請求権、提案権、総会検査役選任請求権

3 株式会社の機関

　会社は法人として、個人(自然人)と同じように、契約などのさまざまな法律行為を行うことができます。ただし、会社には複数の人々が関係していますので、会社として意思決定を行ったことをはっきりさせるために、株主総会や取締役会、監査役といった機関を置き、それぞれの役割や責任を明確にしています。

　2006年5月の会社法施行後は、従来からある機関に新設された機関を含めた全機関の設計を、会社の規模や経営の実態などに応じて次ページの表のパターンの中から自由に選択し、よりスピーディーな意思決定や確実な会計監査ができるようになりました。

　なお、会社法では、会社を次のように分類し、定義しています。
①大会社……資本金5億円以上、あるいは負債200億円以上の会社
②公開会社……発行する株式の全部または一部について、定款で譲渡制限の定めをせず、自由に譲渡できるようにしている会社(上場企業という意味ではありません)

第2章 株主と株式会社の機関

機関設計の選択パターン

	株主総会 取締役	取締役会	会計参与	監査役	監査役会	会計監査人	執行役・委員会
公開会社 大会社	◎	◎	○			◎	◎※
公開会社 大会社	◎	◎	○	◎	◎	◎	
公開会社 大会社以外	◎	◎	○			◎	◎※
公開会社 大会社以外	◎	◎	○	◎	◎	◎	
公開会社 大会社以外	◎	◎	○	◎	◎		
公開会社 大会社以外	◎	◎	○	◎		◎	
公開会社 大会社以外	◎	◎	○	◎			
非公開会社 大会社	◎	◎	○			◎	◎※
非公開会社 大会社	◎	◎	○	◎	◎	◎	
非公開会社 大会社	◎	◎	○	◎		◎	
非公開会社 大会社	◎		○	◎		◎	
非公開会社 大会社以外	◎	◎	○			◎	◎※
非公開会社 大会社以外	◎	◎	○	◎	◎	◎	
非公開会社 大会社以外	◎	◎	○	◎	◎		
非公開会社 大会社以外	◎	◎	○	◎		◎	
非公開会社 大会社以外	◎	◎	○	◎			
非公開会社 大会社以外	◎		○	◎		◎	
非公開会社 大会社以外	◎		○	◎			
非公開会社 大会社以外	◎		○				

※委員会設置会社のみが取り得る

〈表の見方〉
◎…設置必須　　○…設置任意

4 株主総会

株主総会は、会社の実質的所有者である株主が集まって会社の基本的重要事項について決議する最高意思決定機関です。取締役や監査役、会計参与、会計監査人といった他の機関の選任・解任を行うのもこの株主総会です。

株式会社では株主総会は必ず設置しなければならない機関ですが、取締役会を設置しない場合と設置する場合とで、決議する内容が変わってきます。実際に大勢の株主が集まって経営の意思決定を行うのは難しいことから、多くの会社では株主総会で選任した取締役に取締役会を構成させ、日常の業務の意思決定を委ねています。

① **取締役会を設置しない会社の場合**

取締役会を設置しない会社では、株主総会は会社法や定款で定められた基本的事項に加え、会社の組織、運営、管理など経営に関するあらゆる事項を決議することができる万能機関です。

第2章 株主と株式会社の機関

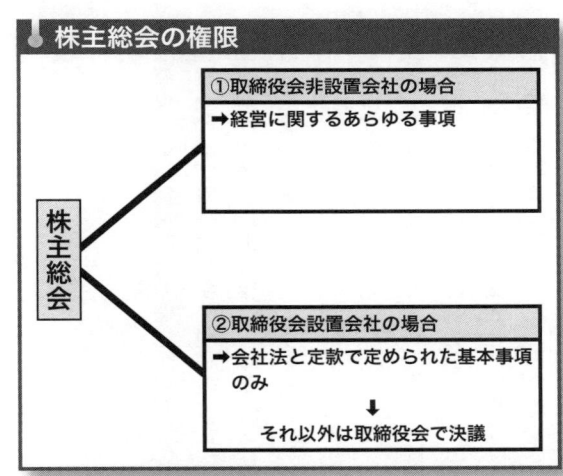

株主総会の権限

株主総会

① 取締役会非設置会社の場合
→ 経営に関するあらゆる事項

② 取締役会設置会社の場合
→ 会社法と定款で定められた基本事項のみ
↓
それ以外は取締役会で決議

② 取締役会を設置した会社の場合

取締役会を設置する会社では、株主総会は会社法や定款で定められた基本的事項のみを決議し、具体的な経営方針や業務執行については、取締役会で決議されます。

ただし、株主総会と取締役会は株主総会のほうが上位機関になりますので、定款で株主総会の権限を強化することができます。すなわち、本来は取締役会の決議事項であるものを、定款で株主総会の決議事項とすることはできます。逆に、会社法で株主総会の決議事項とされているものを定款で取締役会の決議事項にした場合、その定款は無効となります。

株主総会に関する詳細は第4章を参照してください。

5 取締役会・代表取締役

取締役会は、株主総会で株主から経営を委任された取締役が会社の具体的経営方針や業務執行を決議する機関です。現在の会社法では取締役会の設置は任意であり、設置する場合は取締役が3人以上必要です（公開会社では取締役会の設置は必須）。

取締役会の役割は以下のようなものがあります。

① 会社の具体的な業務執行に関する意思決定
② 取締役の職務執行の監督
③ 各取締役の業務執行の監督、選任・解任
④ 大会社の場合は、内部統制システムの構築

取締役会を設置している会社の多くは、会社法で取締役会決議事項（重要な財産の処分と譲受け、多額の借財、支配人その他の重要な使用人の選任・解任、支店その他の重要な組織の設置など）とされているものを除く、日常的な業務の意思決定を、代表取締役ある

第2章 株主と株式会社の機関

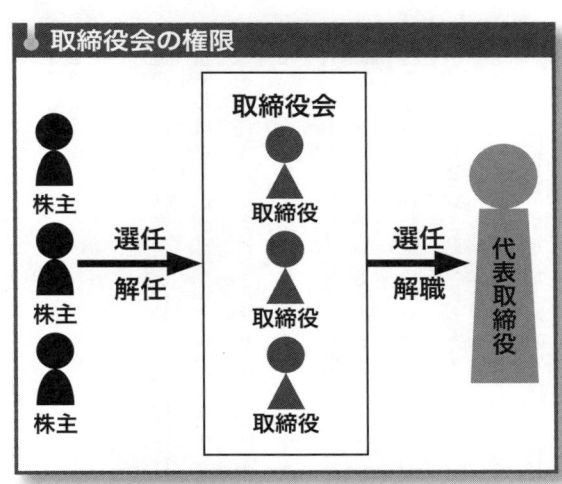

取締役会の権限

いは業務執行取締役に委任しています。

代表取締役は、取締役会の決議により、取締役の中から選ばれます。代表取締役は取締役会で決まった経営方針を実際に実行する責任者ですが、取締役会が認めた範囲内で単独で意思決定し、業務を行っていくことが認められています。代表取締役が会社のために行う契約などの行為は会社の行為とみなされ、法律的な効果が発生します。代表取締役は通常1名ですが、複数で共同して業務執行することもできます。

また、代表取締役と業務執行取締役は、3カ月に一度、取締役会に対して業務執行状況を報告する義務があります。そして、取締役会には代表取締役を解職する権限があります。

6 監査役

監査役は、取締役の業務執行が適切に行われているかどうかをチェックする機関です。

監査役は取締役同様、株主総会で選任・解任されます。監査役はその会社や子会社の取締役を兼任することはできませんし、従業員との兼任もできません。監査役の任期は原則4年ですが、非公開会社では、定款で監査役を株主に限定することができます。監査役の任期は原則4年ですが、非公開会社では最長10年にすることが可能です。

監査役の取締役監査は、会社の財政状況を監査する「会計監査」と、取締役の業務執行を監査する「業務監査」に分けられます。監査役は主に次のような義務と権限を持ちます。

・取締役および子会社に対していつでも事業報告を求めることができる
・会社および子会社の業務や財産を調査することができる
・取締役に法令や定款違反の恐れがあるときは差止請求することができる
・取締役会の開催要求権と取締役会がそれに応じない場合の取締役会招集権

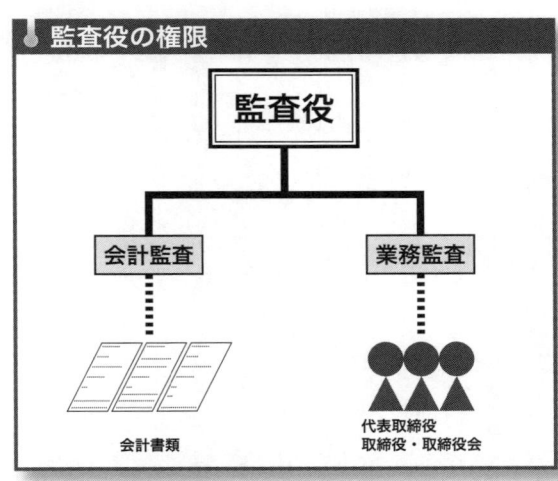

- 取締役会に出席し、必要があるときは意見を述べなければならない
- 取締役の違法や不正な行為を発見したら、取締役会に報告しなければならない
- 取締役が株主総会に提出する議案や書類の違法・不正についての調査結果を株主総会に報告しなければならない

なお、監査役の設置は任意ですが、取締役会設置会社は原則として設置しなければなりません。ただし、委員会設置会社では監査委員会が業務の監査・監督を行うので監査役を設置することはできません。

また、監査役会設置会社や委員会設置会社以外の非公開会社では、定款で監査役の権限を会計監査に限定することができます。

7 監査役会

委員会設置会社以外の大会社で公開会社は、監査役全員で構成される監査役会の設置を義務づけられています。複数の監査役で職務を担当することで、合理的で強力な監督体制を作り、経営の健全性を高めるのが目的です。

このように、監査役会は主に大規模な会社の監査を強化するための機関ですが、委員会設置会社以外の小規模な会社でも、定款で定めれば、任意に設置することができます。

監査役会を構成する監査役は3人以上必要で、そのうちの半数以上は社外監査役でなければなりません。この社外監査役には過去その会社または子会社の取締役、会計参与、執行役、支配人などを経験した者はなることができません。

また、監査役会は監査役の中から少なくとも1名、フルタイム（常勤）で監査役の職務に専念する「常勤監査役」を選任する必要があります。

監査役会は、株主総会に提出する監査報告書を作成し、常勤監査役を選定・解職する権

監査役会の権限

① **監査報告書の作成**

② **常勤監査役の選定・解職**

③ **監査の方針や業務・財政状況の調査方法など、監査役の職務事項の決定**

限を持ちます。また、個々の監査役の権限執行を妨げない限りで、監査の方針や業務・財政状況の調査方法などの職務事項を決定する権限を持っています。監査役は監査役会の求めに応じて、いつでも職務執行の状況を監査役会に報告しなければなりません。

なお、監査役会の招集は各監査役が行うことができますが、監査役全員の同意があれば、招集手続は省略することができます。

監査役会の決議は、監査役の過半数で決定され、議事録の作成が義務づけられています。監査役会に出席した監査役は議事録に署名か記名捺印しなければならず、異議をとどめない出席監査役は、原則として、決議に賛成したものと見なされます。

8 会計参与

会計参与は、取締役(委員会設置会社の場合は執行役)と共同で計算書類(決算書など)を作成し、さらに独自に会計参与報告書を作成するための機関です。すべての会社で任意に設置できますが、主に中小企業の経営の健全性を確保するための機関と言えます。

会計参与も取締役や監査役と同様、株主総会で選任・解任されます。ただし、会計参与になれるのは公認会計士(監査法人を含む)と税理士(税理士法人を含む)だけで、しかも業務停止中や税理士法の規定で業務を行えない場合は就任できません。また、監査役と同様、会計参与もその会社や子会社の取締役や監査役、執行役との兼任はできません。

会計参与の任期は、取締役と同様、原則2年ですが、定款の定めで短縮することができます。委員会設置会社以外の非公開会社であれば、定款で最長10年まで伸張することができ、会計参与設置会社は主に次のような監査役と同様の権限と義務を持ちます。

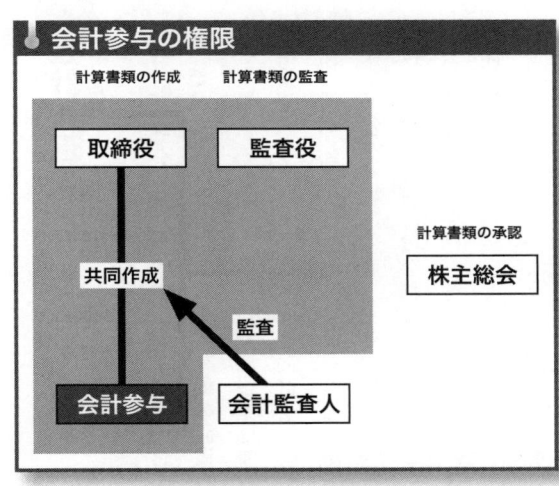

- いつでも会計帳簿およびこれに類する資料を閲覧したり、謄写することができる
- 会社や子会社の会計について報告を求め、会社の業務・財産を調査できる
- 取締役会設置会社においては、計算書類を承認する取締役会に出席し、必要があるときは意見を述べなければならない
- 取締役の違法・不正行為を発見したときは、株主（監査役設置会社の場合は監査役、監査役会設置会社の場合は監査役会、委員会設置会社の場合は監査委員会）に遅滞なく報告する義務を負う
- 株主総会に提出する計算書類の作成に関する事項で取締役と意見が異なるときは、株主総会で意見を述べることができる

9 会計監査人

会計監査人とは、主に大規模な会社において計算書類(決算書など)を監査する専門の機関で、大会社と委員会設置会社での設置は義務ですが、その他の会社では任意です。

会計監査人の選任・解任は取締役や監査役、会計参与と同様、株主総会で行われます。

会計監査人になれるのは、公認会計士(監査法人を含む)だけですが、公認会計士であっても、その会社や子会社の取締役などを兼務して公認会計士以外の業務によって報酬を受けている者やその配偶者、あるいは公認会計士法の規定で監査することが禁じられている者は、会計監査人にはなれません。

会計監査人の任期は、選任後1年以内に終了する事業年度のうち最終のものに関する定時株主総会の終結のときまでであり、別段の決議がないかぎり、再任されます。

会計監査人は、次のような権限と責任を持ちます。

・会社の計算書類などを監査し、会計監査報告書を作成する

第2章 株主と株式会社の機関

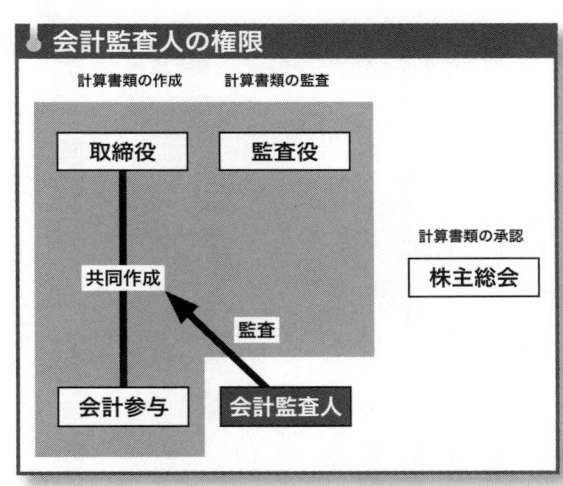

- 会社や子会社の会計について報告を求め、業務・財政状況を調査することができる
- 定時株主総会で出席を求める決議があった場合、出席して意見を述べなければならない
- 株主総会に提出する計算書類の法令・定款の適合性について、監査役(監査役会設置会社の場合は監査役または監査役会、委員会設置会社の場合は監査委員会または監査委員)と意見が違っているときは、株主総会で意見を述べることができる
- 取締役の違法・不正な行為を発見したら、監査役(監査役会設置会社の場合は監査役会、委員会設置会社の場合は監査委員会)に報告しなければならない

10 委員会設置会社① 委員会設置会社における取締役

委員会設置会社とは、業務執行を行う執行役と執行役を監督する3つの委員会(指名委員会、監査委員会、報酬委員会)を設けた会社のことです。株主総会で株主から取締役会へ委譲された業務執行権と監督権をより明確に分け、経営の透明性を高めていることが特徴です。委員会設置会社にするためには定款でその旨を定めなければなりません。

委員会設置会社は、取締役会と会計監査人を設置しなければなりませんが、3つの委員会が監査と監督を行うため、監査役および監査役会を設置することはできません。

委員会設置会社においては、取締役は監督に徹するために、原則として業務執行を行うことはできません。ただし、執行役を兼任することで業務執行ができます。

同様に、委員会設置会社における取締役会の権限は、図表の基本事項に限定されます。

ただし、以下の事項については、取締役会の専決事項とされます。

・株主総会の招集

第2章 株主と株式会社の機関

委員会設置会社における取締役会の権限

① 経営の基本方針の決定

② 監査委員会の職務遂行に必要な事項の決定

③ 執行役が2人以上いる場合の職務の分担や相互の関係に関する事項の決定

④ 執行役から取締役会の招集請求を受ける取締役の決定

⑤ 執行役の職務執行に関する内部統制システムの整備

⑥ 取締役、執行役の職務執行の監督

- 会社提案の総会議案の内容
- 競業取引、利益相反取引の承認
- 委員会の委員の選定、解職
- 執行役の選任、解任
- 代表執行役の選定、解職
- 定款による取締役の責任の一部免除
- 計算書類などの承認
- 株式の譲渡承認に関する事項
- 営業譲渡など会社の組織に関する事項

なお、委員会設置会社における取締役会は委員会の委員の中から選任された者が招集します。また、すべての執行役は取締役に対して取締役会の招集を請求でき、2週間以内を会日とする招集通知が5日以内に発信されない場合は、自ら招集することができます。

11 委員会設置会社② 執行役

委員会設置会社における執行役は、取締役会の決議で選任・解任されます。執行役になるためには、取締役と同様の欠格事由があります（第6章参照）。また、公開会社では、定款で「執行役は株主に限る」と定めることはできません。

執行役の任期は、選任後1年以内に終了する最終事業年度に関する定時株主総会が終結するときまでですが、定款で短くすることができます。

執行役は、取締役会の決議によって委任を受けた事項を決定し、取締役会が決定した業務を執行します。そして、執行役は3カ月に1回以上、職務執行状況について取締役会に報告しなければならないほか、取締役会の要求があった場合は、取締役会に出席し、説明しなければなりません。また、委員会の要求があった場合もその委員会に出席し、求められた事項について説明しなければなりません。

また、執行役と会社の関係は、取締役同様、委任関係であり、執行役は業務執行におい

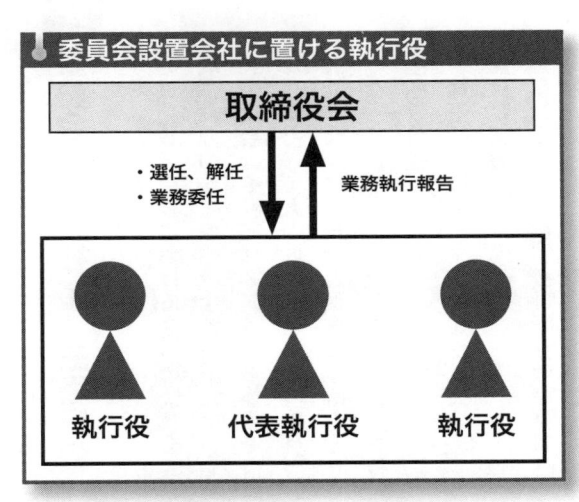

委員会設置会社に置ける執行役

取締役会

・選任、解任
・業務委任 →
業務執行報告 ↑

執行役　　**代表執行役**　　**執行役**

ては、会社に対して善管注意義務と忠実義務を負い、競業取引や利益相反取引を制限され、会社に損害が出た場合は賠償責任を負うほか、任務懈怠によって会社に損害が出た場合も会社に対して損害賠償責任を負います。また、悪意または重過失によって第三者に損害が生じた場合も、第三者に対して損害賠償義務を負います。そのほか、株主代表訴訟の対象にもなります（第3章参照）。

なお、取締役会は執行役の中から会社を代表する代表執行役を選定・解職することができます。執行役が1人の場合はその者が代表執行役となり、会社を代表することになります。代表執行役は代表取締役と同様、会社を代表して法律行為を行う権限を持ちます。

12 委員会設置会社③ 三委員会

委員会設置会社における3つの委員会（指名委員会、監査委員会、報酬委員会）の委員は取締役の中から取締役会の決議によって選任・解任されます。

各委員会はそれぞれ3人以上の委員で構成され、過半数は社外取締役でなければなりません。また、1人の取締役が複数の委員会の委員を兼任することもできます。

各委員会は取締役会と緊密に連絡をとりあう関係にありますが、取締役会に従属するのではなく、以下のような独立した権限を持っています。

① 指名委員会
・株主総会に提出する取締役と会計参与の選任・解任に関する議案の内容を決定する

② 監査委員会
・執行役や取締役、会計参与の職務執行を監査し、監査報告を作成する。
・執行役や取締役の職務についていつでも報告を求め、業務・財産の状況を調査し、違

郵便はがき

1078790

111

料金受取人払

赤坂局承認

5149

差出有効期間
平成21年3月
31日まで
切手をお貼りになる
必要はございません。

港区赤坂1-9-15
日本自転車会館2号館7階
総合法令出版株式会社
社長 行

ご購読者アンケート

フリガナ お名前		性別 男・女	年齢 歳
ご住所〒			
TEL ( ) FAX ( )			
E-MAILアドレス			
E-MAILで弊社から新刊情報等をお送りしてもよろしいですか？　□ YES　□ NO			
ご職業　1.学生　2.会社員・公務員　3.会社・団体役員　4.教員　5.自営業 　　　　6.自由業　7.主婦　8.無職　9.その他(　　　　　　　　)			
※あなたのご意見・ご感想を新聞・雑誌広告や小社HP上で 1. 掲載してもよい　2. 掲載しては困る　3. 匿名ならよい			

総合法令出版ホームページ　http://www.horei.com/

利用目的:当社出版物の企画の参考とさせていただくとともに、新刊等のご案内にのみ利用させていただきます

ご購読者アンケート

ご購読ありがとうございました。ぜひご意見をお聞かせください。

お買い求めの本のタイトル

■お買い求めの書店名

　　　　　　　　　　　　　市区町村　　　　　　　　　　　　書店

■この本を最初に何でお知りになりましたか
1. 新聞広告(　　　　　　　　　新聞) 2. 雑誌広告(雑誌名　　　　　　　　)
3. 新聞・雑誌の紹介記事で(新聞・雑誌名　　　　　　　　　　　　　　　　)
4. 書店で実物を見て　5. 人(　　　　　　　　　　)にすすめられて
6. その他(　　　　　　　　　　　　　　　　　　　　　　　　　　　　　)

■お買い求めの動機は何ですか(複数回答も可)
1. この著者の作品が好きだから　2. 興味のあるテーマだったから
3. タイトルに惹かれて　4. 装丁に惹かれて　5. 帯に惹かれて
6. その他(　　　　　　　　　　　　　　　　　　　　　　　　　　　　　)

■この本について感想をお聞かせください
(内容、カバー・本文デザイン、タイトル、価格など)

■取り上げてほしいテーマ、ご意見があればお書きください

ご協力ありがとうございました

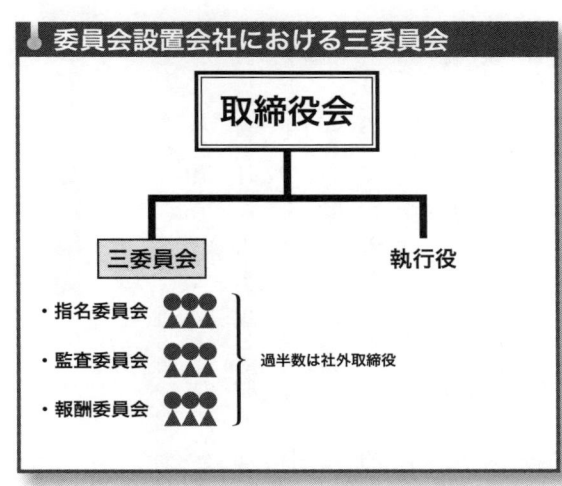

委員会設置会社における三委員会

取締役会
├─ **三委員会**
│ ・指名委員会
│ ・監査委員会
│ ・報酬委員会
│ （過半数は社外取締役）
└─ 執行役

- 法行為の差止めを請求する
- 執行役や取締役に違法・不正行為がある場合は、取締役会に報告しなくてはならない
- 株主総会に提出する会計監査人の選任・解任や再任拒否に関する議案の内容を決定する
- 執行役が定款・法規に違反の恐れがある場合は差止請求権を行使する

③ 報酬委員会

- 執行役や取締役の個人別報酬を決定する

各委員会の決議は委員の過半数が出席し、出席委員の過半数で行われます。なお、取締役は各委員会の審議を議事録で閲覧、謄写できます。

13 【参考】執行役員

近年一部の企業で導入が進んでいるのが「執行役員」制度です。多くの場合、取締役の数が多い大企業において、取締役の一部を執行役員にして取締役の数を減らし、かつ執行役員に業務執行の権限を委譲して取締役はその監督に専念させることで、会社の意思決定のスピードアップと透明化を図ることを目的としています。

ただし、執行役員は会社法に規定されている会社の機関ではなく、制度を導入した個々の会社において内部の取決めとして自主的に採用されているポストにすぎません。したがって、前述した委員会設置会社における「執行役」と名前はよく似ていますがまったくの別物ですし、もちろん取締役でもありません。

執行役員の身分や権限の軽重は制度を採用している会社によってまちまちで、従業員にすぎないという意見や、取締役に準じた立場など、学説も定まっていません。

執行役員制度を設けたい会社は、必要な諸規定（導入目的、形態、職務分担、待遇な

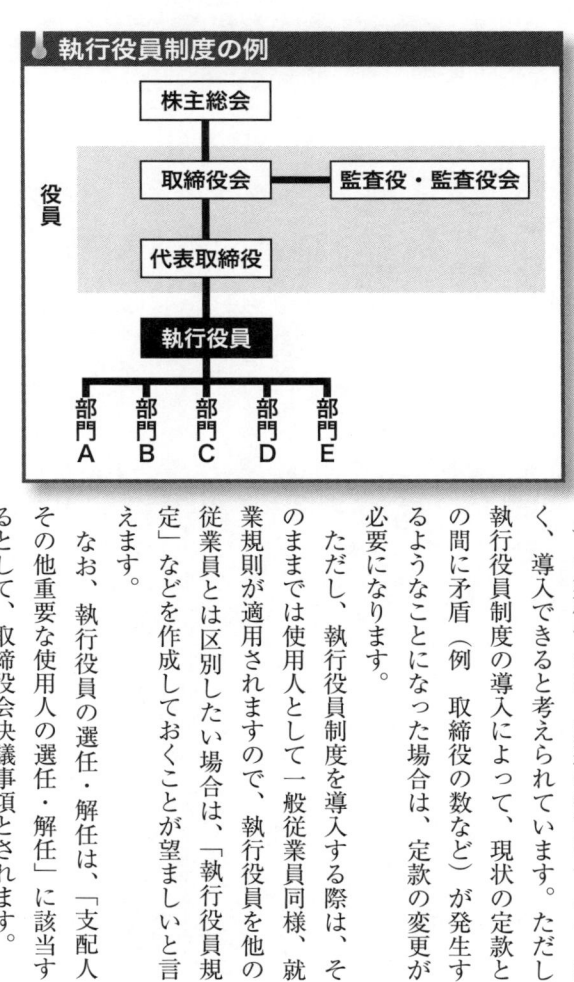

執行役員制度の例

役員
- 株主総会
- 取締役会 ─ 監査役・監査役会
- 代表取締役
- 執行役員
  - 部門A
  - 部門B
  - 部門C
  - 部門D
  - 部門E

ど)を整備すれば、定款の変更をすることなく、導入できると考えられています。ただし、執行役員制度の導入によって、現状の定款との間に矛盾(例 取締役の数など)が発生するようなことになった場合は、定款の変更が必要になります。

ただし、執行役員制度を導入する際は、そのままでは使用人として一般従業員同様、就業規則が適用されますので、執行役員を他の従業員とは区別したい場合は、「執行役員規定」などを作成しておくことが望ましいと言えます。

なお、執行役員の選任・解任は、「支配人その他重要な使用人の選任・解任」に該当するとして、取締役会決議事項とされます。

第3章
取締役の権限、義務、責任

1 取締役の権限

取締役の権限は、会社の機関設計によって異なります。

① 取締役会非設置会社の場合

取締役会を設置しない会社は、すべての株式に譲渡制限をつけた非公開会社であり、小規模な会社であるのが一般的です。したがって、原則として各取締役が会社の業務を執行し、会社の代表権を持っています。取締役は1名いればよく、2人以上いる場合は、その過半数で業務執行を決定します。株主総会の決議や定款または定款の定めに基づく取締役会の互選により、代表取締役を設置することも可能ですが、支配人の選任・解任や支店の設置・移転・廃止、株主総会・種類株主総会に関する事項、内部統制システムの整備、取締役による役員の責任免除については、必ず取締役の過半数で決議しなければなりません。

② 取締役会設置会社の場合

取締役会を設置する会社の場合、取締役は3名以上必要ですが、各取締役は会社の機関

第3章 取締役の権限、義務、責任

取締役の権限

取締役		
	①	**取締役会非設置会社の場合** ★すべての業務の執行
	②	**取締役会設置会社の場合** ★業務執行の意思決定、代表取締役の監督
	③	**委員会設置会社の場合** ★基本事項の決定 ★委員会の委員と執行役の選任・解任・監督

ではなく、取締役会の構成員にすぎません。各取締役は取締役会のメンバーとして業務執行の意思決定を行います。実際に業務を行うのは、代表取締役と業務執行取締役なので、取締役は彼らの業務執行の監督を行います。

③ 委員会設置会社の場合

委員会設置会社では、代表執行役が会社を代表し、取締役会で選任された執行役が業務執行を担当しますので、取締役は原則として業務執行を行うことはできず、基本事項の決定以外に委員会の委員と執行役の選任・解任・監督のみを行います。ただし、執行役を兼任することで業務執行に関与することができます。

2 取締役の義務① 善管注意義務と忠実義務

取締役は取締役会のメンバーとして、代表取締役や他の取締役が、法令や定款を遵守しているかどうかを監視し、違反行為があった場合はそれを是正する義務を負っています。

このほか、取締役は委任契約に基づき、会社に対して次のような義務があります。この義務に違反した場合、取締役は債務不履行責任として、民法上の損害賠償責任を負います。

① **善管注意義務（民法644条）**

取締役は取締役という役職にある者として当然要求される程度の注意深さを持って、損害を会社に与えないように職務を執行しなくてはなりません。

② **忠実義務（会社法355条）**

取締役は法令・定款・株主総会の決議を遵守し、業務執行にあたり常に会社の利益が最大となるように行動すべきであり、会社の利益を犠牲にして自己または第三者の利益を図ってはなりません。これを具体化したものとして、次のようなものがあります。

第3章　取締役の権限、義務、責任

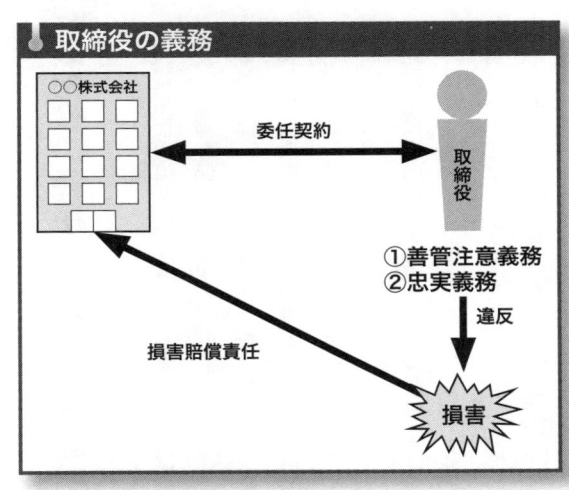

取締役の義務

○○株式会社 ←委任契約→ 取締役

①善管注意義務
②忠実義務
↓違反
損害

損害賠償責任

(1) 利益相反取引の制限

たとえば会社が取締役から土地を買うなど、会社と取締役の利益が相反する（一方の利益がそのまま他方の不利益となる）場合は、取締役が自己の立場を利用して不当な利益を得る反面、会社に損害を与える可能性が高いので、取締役会（取締役会非設置会社の場合は株主総会）の事前承認が必要です。

(2) 競業避止義務

たとえば、自社の取締役が競合するライバル企業の取締役にも就任するような場合、顧客を奪ったり、ノウハウを活用するなど、自社の利益を損ねる可能性があります。このような取引も取締役会（取締役会非設置会社の場合は株主総会）の事前承認を必要とします。

3 取締役の義務② 利益相反取引の制限

利益相反取引とは、取締役が自己または第三者のために会社と取引をしたり、会社が取締役の債務を保証するなど、取締役と会社の間で行われる取引で、取締役個人の利益にはなるが会社には不利益にしかならないような取引のことを言います。

利益相反取引には、取締役本人あるいは関係する第三者と会社との間で行われる直接取引と、取締役本人が直接会社と取引しなくても利害関係のある他人と会社との間で行われる間接取引があります。

利益相反取引を行う場合、その取引はその取引に関する「重要な事実」を開示して、取締役会(取締役会非設置会社の場合は株主総会)で事前承認を受ける必要があります。重要な事実とは、相手先会社の規模、業務内容、顧客、予想される取引の内容などです。また、承認を受ける際、その取引を行う取締役は「特別利害関係人」として決議に加わることはできません。なお、これらが継続的取引の場合は包括承認が可能です。

第3章 取締役の権限、義務、責任

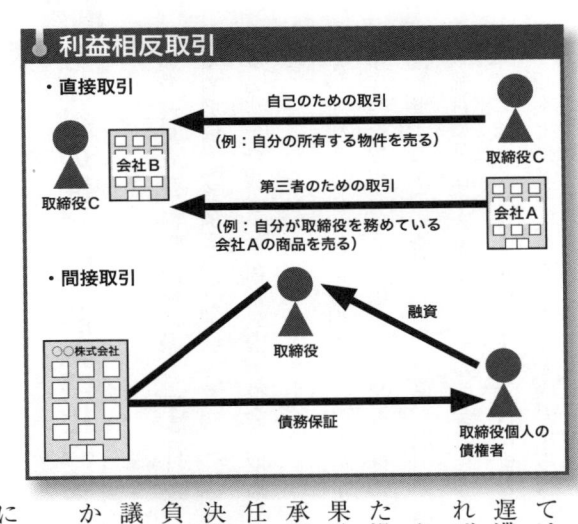

利益相反取引

・直接取引

自己のための取引
（例：自分の所有する物件を売る）
取締役C → 会社B

第三者のための取引
（例：自分が取締役を務めている会社Aの商品を売る）
取締役C ← 会社A

・間接取引

○○株式会社 — 取締役 ← 融資 — 取締役個人の債権者
○○株式会社 — 債務保証 → 取締役個人の債権者

承認を受けた後、取締役会設置会社においては、利益相反取引を行う取締役は、取引後遅滞なく取引に関する重要事項を報告しなければなりません。

なお、承認を受けずに利益相反取引を行った場合、その取締役は会社に対して取引の結果発生した損害の賠償責任を負います。また、承認を得ていても会社に損害が生じた場合は、任務懈怠としてその取締役だけでなく、承認決議に賛成した他の取締役も損害賠償責任を負います。この際、対象となった取締役は決議が善管注意義務に照らして間違ってはいなかったことを証明しなくてはなりません。

このように、会社法は会社と取締役の取引について非常に厳しい規定を設けています。

4 取締役の義務③ 競業避止義務

競業避止義務とは、取締役が自己または第三者の利益のために、「会社の事業の部類に属する取引」（競業取引）を行う場合、たとえば自社と同じ事業を行う他社の取締役に就任するような場合に、事前に取締役会（取締役会非設置会社の場合は株主総会）の承認を得なくてはならないことを言います。

承認を得る際は、競業取引を行うとどのような影響が会社に生じるのかに関する「重要な事実」を提出しなくてはなりません。重要な事実とは、具体的には営業地域、顧客層、商品やサービスの内容、数量、対価、取引期間・利益の見込みなどであり、競合会社の代表取締役に就任するときは、その競合会社の業務内容、営業地域、顧客層、実績などです。

基本的にまったく同業種の事業（過去に営んだもの、これから営むものを含む）を営んだり、現在と同じ仕入先や販売先と取引する場合は競業避止義務に違反していると言えます。承認は原則として個々の取引について行われるべきですが、同種類の類型的取引が反復

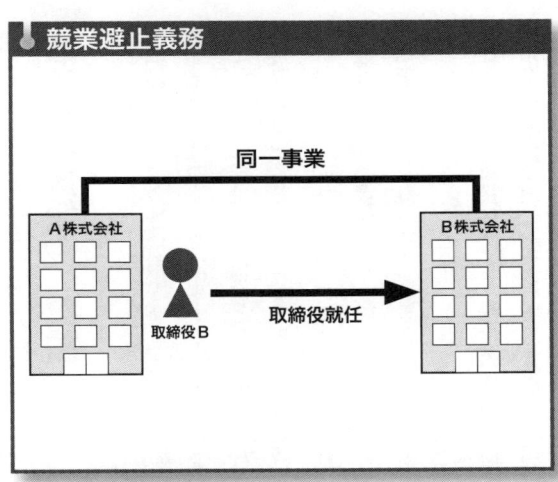

競業避止義務

```
         同一事業
A株式会社 ────────── B株式会社
   取締役B  取締役就任 →
```

的に行われて将来のリスクが予測できる範囲内ならば、開示された事実をもとに取締役会が包括的な承認を与えても構わないことになっています。なお、承認にあたっては、競合取引を行う取締役自身は「特別利害人」として決議に加わることはできません。

承認を受けた後、競合取引を行った取締役は、その取引に関する重要な事実を取締役会に遅滞なく報告する義務があります。

一方、承認を受けずに競業取引を行った場合、その取締役は会社に対して損害賠償責任を負います。また、承認を得ても会社に損害が生じた場合は、任務懈怠としてその取締役だけでなく、承認決議に賛成した他の取締役も損害賠償責任を負う場合があります。

5 取締役の責任① 概論

　取締役には、会社に損害を与えた場合の会社に対する責任と、会社以外の第三者に損害を与えた場合の第三者に対する責任の2つがあります。

　これらの責任は、取締役として選任された者であれば全員が負わなくてはなりません。社外取締役や名義貸しなどで名を連ねているだけのいわゆる「名目取締役」であっても、取締役としての任務を怠って損害を与えれば、損害賠償責任を負わなくてはなりません。

① 会社に対する責任

　前項で説明した善管注意義務や忠実義務に違反したり、利益相反取引や競業取引を行うなど、取締役としての任務を怠ったことによって会社に損害が生じたことによる損害賠償責任（任務懈怠責任）と、株主の権利行使に関して利益供与したり、株主に対して違法に剰余金を配当したことに対する責任（特別責任）の2つに分けることができます。

② 第三者に対する責任

第3章 取締役の権限、義務、責任

取締役の責任

- 取締役
  - ①会社に対する責任
    - ・任務懈怠責任（善管注意義務・忠実義務違反）
    - ・特別責任（利益供与、違法配当）
  - ②第三者に対する責任
    - ・直接損害
    - ・間接損害

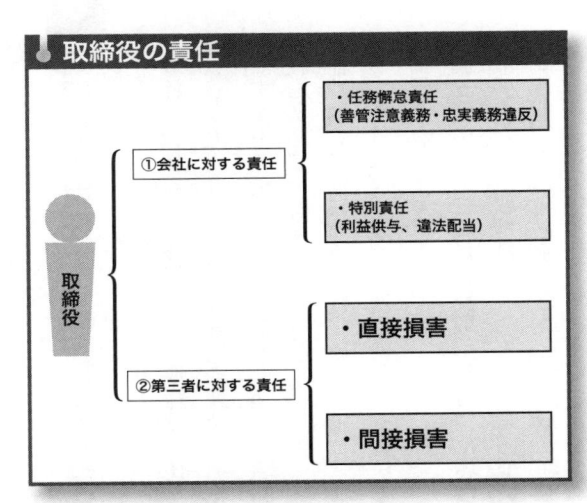

　取締役が職務執行の際に故意あるいは重過失によって、外部の第三者（取引先、消費者など）に損害を与えた場合に取締役が負う損害賠償責任です。本来、第三者と取締役の間に直接の法的関係はありませんが、社会における会社の存在の大きさとその経営に携わる取締役の地位の重要性から、取締役も第三者に一定の責任を負うこととしています。

　これらの責任は、総株主の同意がなければ免除することができません。ただし、取締役に善意で重大な過失がない場合は、株主総会の特別決議、あるいは定款規定に基づく取締役の過半数の同意（取締役会設置会社では取締役会決議）で、一定額を限度に取締役の責任を免除することができます。

6 取締役の責任② 任務懈怠責任

取締役の任務懈怠（けたい）責任とは、取締役の任務怠慢が原因で、前述の善管注意義務や忠実義務に違反したり、利益相反取引や競業取引を行った結果、会社に損害が発生した場合の損害賠償責任を言います。取締役以外に、会計参与、監査役、会計監査人、執行役も同様の責任を負っています。

任務懈怠責任については、過失責任とされています。すなわち、故意か、不注意で行ったのでなければ、取締役は原則として責任を負う必要はありません。ただし、以下の場合は例外となります。

① 第三者のために利益相反取引を行った場合

取引を行った取締役はもちろん、当該取引の取締役会における承認決議に賛成した取締役（議事録で異議を述べたことが記録されていない取締役を含む）にも過失があったことが推定されるので、過失がなかったことを証明できなければ、会社に対して損害賠償責任

任務懈怠責任

```
任務懈怠責任
    ↓
  過失責任
    ↓
故意か不注意で行ったのでなければ、原則
として取締役の責任は問われない
```

を負わなくてはなりません。

② 自己のために利益相反取引を行った場合

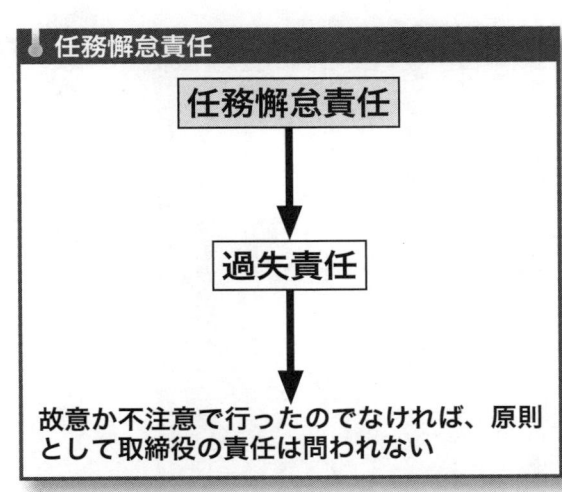

無過失責任として、過失がなかったことを証明できても、損害賠償責任から逃れることはできません。

なお、任務懈怠責任の場合、善管注意義務・忠実義務の違反や競業取引、第三者のために行った利益相反取引については、総株主の同意があれば責任免除、株主総会・定款によって軽減制度が設けられている場合は、取締役の責任を軽減することができます（64ページ参照）。

7 取締役の責任③ 利益供与

取締役の特別責任のうち、利益供与について説明します。

利益供与とは、株主の権利行使に関して会社あるいは子会社が財産上の利益を与えることを言います。具体的には、株主総会をスムーズに進行するためにいわゆる「総会屋」やそれに類する人々に金品を与えるなどの例が挙げられます。

このような利益供与は会社や子会社の財産を浪費するほか、経営の健全性から見ても好ましいものではありません。したがって、会社法はこれを禁止し、利益供与に関わった取締役および取締役会の決議に賛成した取締役に対して、供与した利益の価額に相当する額を連帯して会社に支払う義務を課しています。また、会社は利益供与を受けた者に対して、会社や子会社にその利益を返還するよう、求めることができます。

会社が特定の株主に無償で財産上の利益を与えた場合、あるいは有償の供与であっても、会社の受けた利益が与えた利益よりも著しく少なくて実質的に無償供与と言える場合は、

利益供与

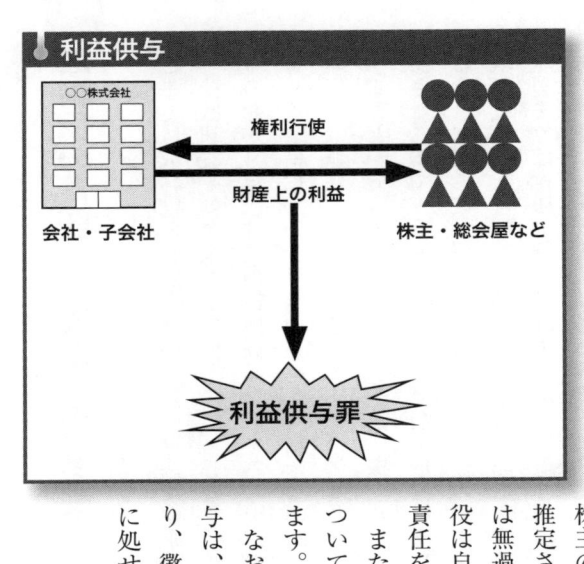

```
会社・子会社  ← 権利行使 ―  株主・総会屋など
           → 財産上の利益 →
                ↓
           利益供与罪
```

株主の権利行使に会社が利益供与したものと推定されます。利益供与を行った取締役本人は無過失責任を負いますが、それ以外の取締役は自分が無過失であることを証明できれば、責任を逃れることができます。

また、総株主の同意があれば、利益供与についての取締役の責任を免除することができます。

なお、株主総会における総会屋への利益供与は、利益供与罪として刑事罰の対象にもなり、懲役3年以下か罰金300万円以下の刑に処せられます。

8 取締役の責任④ 違法な剰余金の配当

ここでは取締役の特別責任のうち、違法な剰余金の配当について説明します。

会社は利益を剰余金として株主に配当します。しかし、剰余金の配当は分配可能額（剰余金の額から自己株式の帳簿価額などを差し引いた額）を超えて行うことはできません。

もし、取締役が分配可能額を超えた剰余金の配当（いわゆるタコ配当）を行った場合、その配当は無効となり、会社およびその債権者は違法な配当を受けた株主にその返還を請求することができます。しかし、多数の株主からの返還を請求することは現実的には困難が予想されるので、その議題を株主総会や取締役会に提案した取締役、執行を担当した取締役は会社に対して株主に配当したのと同額の金額を支払わなければなりません。

取締役が分配可能額を超えて剰余金の配当を行った場合、総株主の同意があれば、分配可能額までは責任を免除されますが、分配可能額を超える部分については免除されません。

また、この責任は過失責任なので、取締役は無過失を立証できれば、責任を逃れるこ

違法配当

```
○○株式会社 ──返還請求──▶ 株主 ◀──違法配当── 取締役
                                              ▲
         └──────────返還請求──────────────────┘

第三者 ◀──悪意、重過失があった場合──
       ◀──────損害賠償──────────
```

とができます。また、取締役が返還すべき額は違法な部分だけでなく、そのときの配当全額となります。

一方、分配可能額の範囲で配当を行った場合でも、期末に欠損が生じたとき、代表取締役などの業務執行者は会社に対して連帯してその欠損額を支払う義務を負います。ただし、無過失を立証できるか、総株主の同意があれば、責任を免除されます。

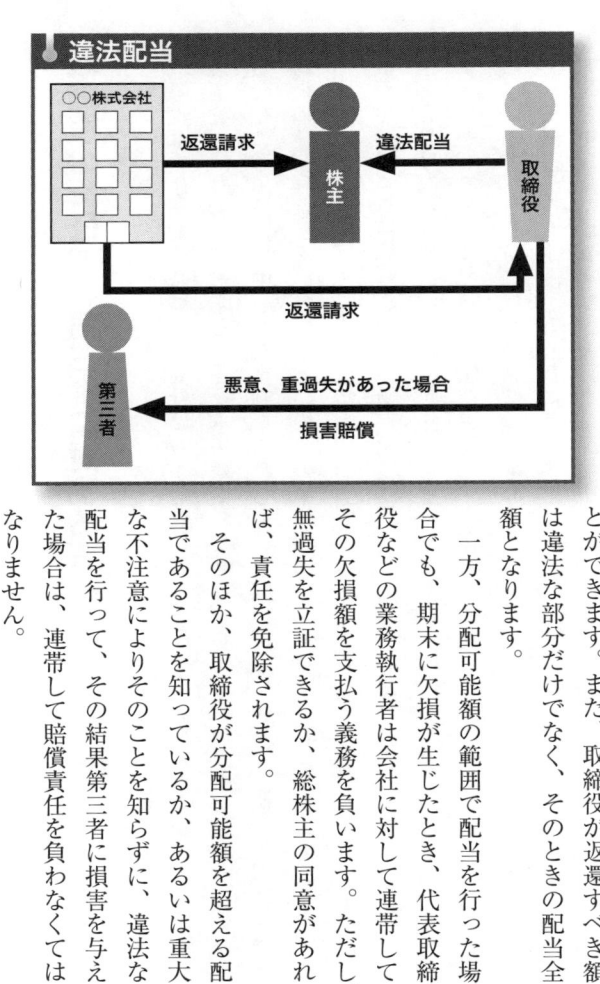

そのほか、取締役が分配可能額を超える配当であることを知っているか、あるいは重大な不注意によりそのことを知らずに、違法な配当を行って、その結果第三者に損害を与えた場合は、連帯して賠償責任を負わなくてはなりません。

9 取締役の責任⑤　第三者に対する責任

取締役は委任契約に基づいて会社に対する責任のみを負い、会社以外の第三者（取引先や債権者、消費者）に対する責任は本来はありません。しかし、社会的に重要な地位を占める会社の意思決定に中心的な役割を果たしている取締役の持つ重要性から、会社法では取締役の任務懈怠があまりにひどい場合の第三者に対する特別な責任を定めています。

具体的には、取締役が、任務懈怠を知りながら（悪意）、あるいは重大な不注意（重過失）によって、第三者に損害を与えた場合、取締役はその損害を賠償しなくてはなりません。

損害を受けた第三者は、取締役が任務を怠ったことについて、悪意または重過失があったことを立証できれば、その責任を追及し、損害賠償を求めることができます。

この賠償すべき損害には、次の2つがあります。

①直接損害……取締役が第三者に直接与えた損害（例　競売で売却された建物を会社が不法占拠するようなこと）

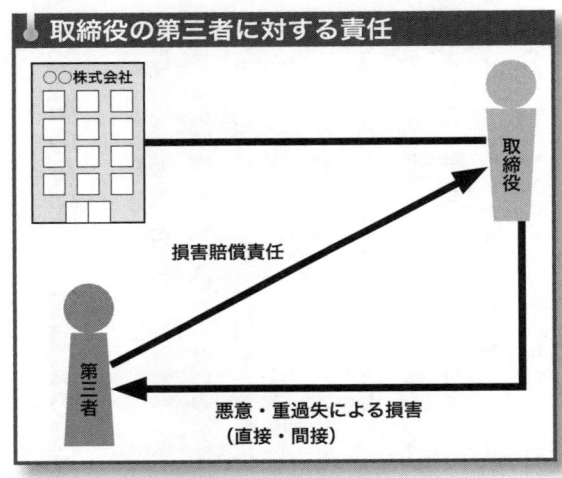

取締役の第三者に対する責任

損害賠償責任

悪意・重過失による損害（直接・間接）

② 間接損害……取締役が会社に与えた損害が、次に第三者にも及んで生じた損害
（例　取締役の任務懈怠によって会社が倒産したことが原因で、会社の債権者が債権の回収ができなくなるようなこと）

この他、取締役あるいは執行役は、第三者に対して会社の内容を開示する書類等（株式申込証、新株引受権証書、社債申込証、目論見書、貸借対照表、損益計算書、営業報告書、利益処分または損失処理の議案、これらの附属明細書など）の中の重要な事項について、虚偽の記載、虚偽の登記・公告をしたことで第三者に損害を与えた場合、損害賠償責任を負います。ただし、無過失を証明することができれば、責任から逃れることができます。

10 取締役の責任⑥ 取締役の責任免除

取締役をはじめ、監査役、会計参与、執行役が職務を怠り、会社に損害を及ぼした場合、会社に損害賠償しなくてはならないのは前述したとおりです。

これらの責任は株主全員の同意があればすべて免除されますが、非常に困難です。そこで、役員が職務違反について知らず、重大な過失がなければ、株主総会の特別決議によって、賠償責任額から①以下の金額と②取締役が新株予約権を引き受けた場合の利益に相当する額を控除した額を責任限度額として、損害賠償責任を一部免除することができます。

・代表取締役・代表執行役……年収6年分
・取締役・執行役……年収4年分
・社外取締役・監査役・会計参与・会計監査人……年収2年分

また、予め定款に規定がある場合、前述の株主総会の特別決議による一部免除に代えて、取締役会において、事実の内容や役員の職務執行状況などを勘案して、同様の限度額の範

取締役の責任免除制度

- ① 責任の全部免除
- ② 責任の一部免除
  - (1) 株主総会の特別決議（善意・無重過失が条件）
  - (2) 定款における定め ＋ 取締役会決議
- ③ 責任限定契約（善意・無重過失が条件）

囲で役員の責任を一部軽減することができます。ただし、この場合、会社は、1カ月以上の期間を置いて、役員の責任を軽減した理由や軽減した額などを公告、あるいは株主に通知し、総株主の3％以上がこれに異議を唱えたときは、責任を軽減することができません。

このほか、社外取締役や社外監査役、会計参与、会計監査人については、常勤ではないにもかかわらず一般の役員と同じ責任を負わされる可能性があることによってなり手がいなくなってしまうことを考慮して、善意かつ重過失がないときは責任を限定できる契約を会社との間に特別に締結することができます。

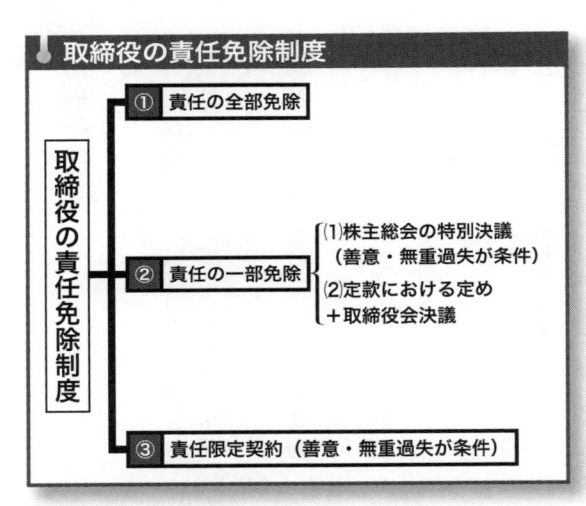

ただし、予め定款に責任限定契約を締結できるという規定が必要です。

11 特別背任罪

特別背任罪とは、取締役が取締役としての任務に背いた行為を行って、会社に損害を与える罪です。刑事罰として懲役10年以下あるいは1000万円の罰金が課せられます。

特別背任罪には次の2つのパターンがあります。

① 自分や第三者の利益を得ることが目的

有名な事例として、デパートの代表取締役が自分の知人の経営する会社を使って通常より高く商品を購入し、知人の会社に利益を上げさせた一方で、自社の売上が大きな損失を被っていたことが特別背任罪とされたケースがあります。そのほか、取引の相手に、本来の取引額に上乗せした請求書を発行させ、会社が支払った後にその分をリベートとして個人的に受け取るような場合も該当します。

② 会社に損害を与えることが目的

たとえば、会社に恨みを抱いている取締役が意図的に巨額の手形を乱発して会社を不渡

特別背任罪

特別背任罪
=
取締役としての任務に背く行為を行うこと

① 自分や第三者の利益を得ることが目的

② 会社に損害を与えることが目的

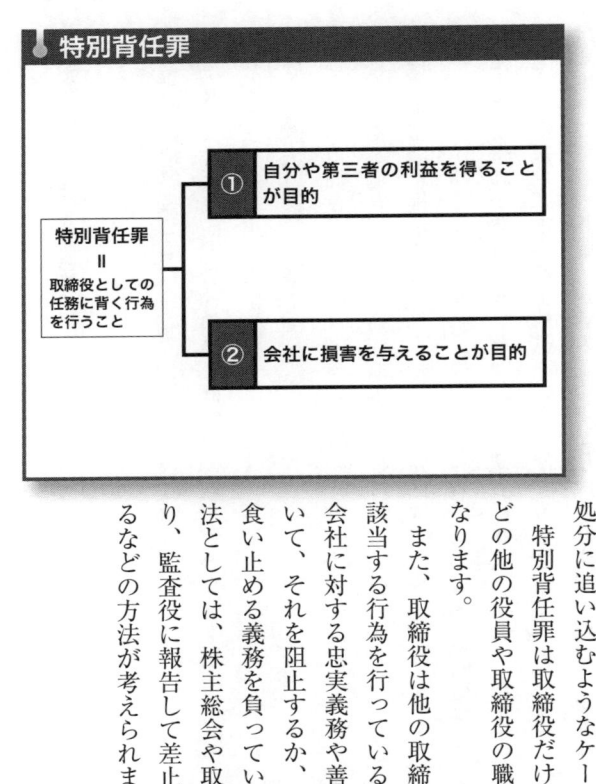

特別背任罪は取締役だけでなく、監査役などの他の役員や取締役の職務代行者も対象となります。

また、取締役は他の取締役が特別背任罪に該当する行為を行っているのを知ったときは、会社に対する忠実義務や善管注意義務に基づいて、それを阻止するか、被害を最小限に食い止める義務を負っています。具体的な方法としては、株主総会や取締役会を招集したり、監査役に報告して差止請求をさせたりするなどの方法が考えられます。

12 違法行為差止請求権

会社法は取締役（委員会設置会社の場合は執行役）が違法行為を行う前に、株主あるいは監査役（委員会設置会社の場合は監査委員）がそれを未然に防ぐ権利を認めています。それが違法行為差止請求権です。

① 株主の違法行為差止請求権

株主は、取締役が会社の目的の範囲外の行為や法令・定款に違反する行為を行うか、行う恐れがある場合、その行為が原因で会社に著しい損害が発生する恐れがあるときに、違法行為差止請求権が認められます。この要件は、監査役設置会社や委員会設置会社の場合はハードルが高くなり、「著しい損害」だけでは不十分で、「回復することができない損害」が発生する恐れがあるときでなければ、違法行為差止請求権を認められません。

違法行為差止請求権は1株株主でも行使することができます。ただし、公開会社の場合は原則として6カ月前（定款の定めにより短縮可能）から引き続き株式を持ち続けている

違法行為差止請求権の条件

① 株主の違法行為差止請求
- 監査役設置会社と委員会設置会社の場合
  ……「回復することができない損害」
- その他の会社
  ……「著しい損害」

② 監査役の違法行為差止請求
「著しい損害」

株主でなくては行使できません。具体的な差止請求の手続は、通常は裁判所に差止めの訴えを提起します。

② 監査役の違法行為差止請求権

監査役（委員会設置会社の場合は監査委員）は、取締役が会社の目的の範囲外の行為や法令・定款に違反する行為を行うか、行う恐れがある場合、その行為が原因で会社に著しい損害が発生する恐れがあるときに、違法行為差止請求権が認められます。

なお、違法な行為を行った取締役はいつでも株主総会の普通決議で解任できるほか、総会から30日以内に少数株主権（総株式の議決権または発行済株式の3％以上を持つ株主）で解任請求することができます。

13 株主代表訴訟① 概要

株主代表訴訟とは、会社の実質的所有者である株主が、会社に代わって取締役の責任を追及し、取締役が会社に与えた損害の賠償を請求するものです。株主は株主総会で取締役の選任・解任を行うことができますが、この株主代表訴訟で直接責任を追及することが認められているわけです。

株主代表訴訟を提起できる株主は、訴訟の6カ月前(定款に定めがあれば6カ月未満でも可)から株を持ちつづける株主で、単元株制度(一定数の株式をまとめて1単元として、1単元未満の株式については権利を制限する制度)を採用している会社では1単元以上の株式を持つ株主、それ以外の会社では1株だけの株主でも可能です。

また、株主代表訴訟の対象になるのは、取締役だけでなく、執行役や監査役、会計参与も含まれます。

株主代表訴訟は、あくまでも会社のために提起されるものなので、判決の効果は、訴え

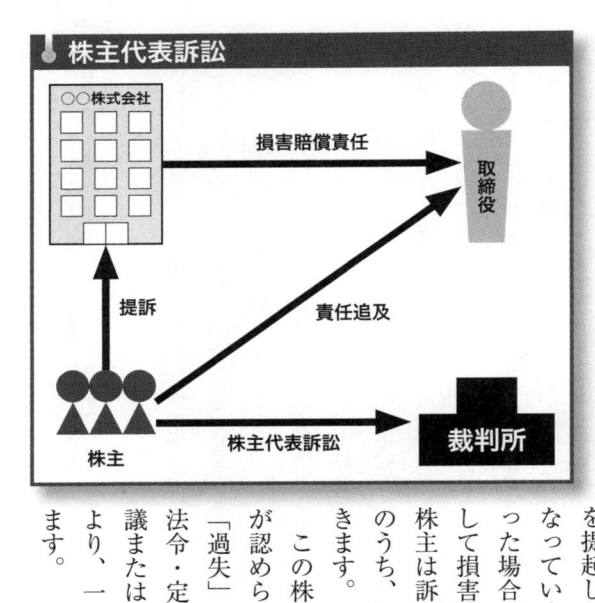

株主代表訴訟

```
○○株式会社 ──損害賠償責任──▶ 取締役
    ▲                          ▲
    │提訴                       │責任追及
    │                          │
   株主 ──────株主代表訴訟──────▶ 裁判所
```

を提起した株主ではなく、会社に及ぶことになっています。したがって、株主が訴訟で勝った場合、取締役は株主ではなく、会社に対して損害賠償します。ただし、勝った場合、株主は訴訟にかかった調査費用や弁護士報酬のうち、相当な額を会社に請求することができます。

この株主代表訴訟で取締役の損害賠償責任が認められるためには、原則として取締役に「過失」があることが必要ですが、取締役の法令・定款違反による責任は、株主総会の決議または定款の規定に基づく取締役会決議により、一定額を限度に免除されることがあります。

14 株主代表訴訟② 訴訟の流れ

株主代表訴訟は、違法行為を行った取締役に対して会社が賠償請求を怠っている場合に、株主が会社に対して取締役の責任を追及するよう書面で提訴請求することから始まります。提訴先は監査役か監査委員になります。

請求を受けた会社は、当該取締役を除いた取締役たちが、事実確認をした上で責任追及するかどうかを判断します。そして、責任を追及することになれば、監査役が会社代表となり、問題取締役を被告とする訴訟が提起されますが、60日以内にこれが行われない場合は、株主は自ら原告となって、株主代表訴訟を提起することができます。このとき、会社は株主や取締役から請求があれば、提訴しない理由を遅滞なく通知しなければなりません。

株主代表訴訟が提起された場合、被告となった問題取締役は、株主の訴えに根拠がなく、そのことを株主が知っていることを疎明して、裁判所に対して株主に担保として金銭を提供するように申し立てることができます。裁判所は株主の請求が自分や第三者の不正利益

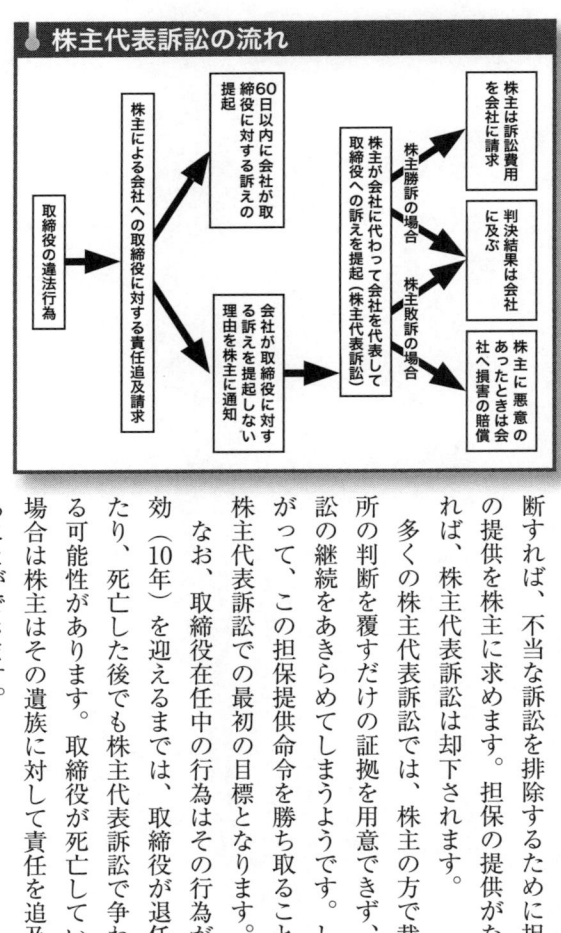

株主代表訴訟の流れ

取締役の違法行為 → 株主による会社への取締役に対する責任追及請求

- 60日以内に会社が取締役に対する訴えの提起
- 会社が取締役に対する訴えを提起しない理由を株主に通知

→ 株主が会社に代わって会社を代表して取締役への訴えを提起（株主代表訴訟）

- 株主勝訴の場合：株主は訴訟費用を会社に請求／判決結果は会社に及ぶ
- 株主敗訴の場合：株主に悪意のあったときは会社へ損害の賠償

を得たり、会社に損害を与えるのを目的と判断すれば、不当な訴訟を排除するために担保の提供を株主に求めます。担保の提供がなければ、株主代表訴訟は却下されます。

多くの株主代表訴訟では、株主の方で裁判所の判断を覆すだけの証拠を用意できず、訴訟の継続をあきらめてしまうようです。したがって、この担保提供命令を勝ち取ることが株主代表訴訟での最初の目標となります。

なお、取締役在任中の行為はその行為が時効（10年）を迎えるまでは、取締役が退任したり、死亡した後でも株主代表訴訟で争われる可能性があります。取締役が死亡している場合は株主はその遺族に対して責任を追及することができます。

第4章

株主総会

1 株主総会の決議事項と決議要件

株主総会は会社の出資者である株主で構成される会社の最高の意思決定機関です。

株主総会は、毎事業年度終了後に必ず開催しなくてはならない定時株主総会のほか、招集が必要とされる場合に随時開催することのできる臨時株主総会があります。

取締役会非設置会社の場合、株主総会は会社の組織、運営、管理その他すべての事項について決議できる万能機関ですが、取締役会設置会社の場合、株主総会は会社法および定款で株主総会決議事項とされた基本的事項のみを決議することになります。

会社法で株主総会の決議事項とされているものは、取締役や監査役、会計参与、会計監査人の選任・解任や報酬額の決定、定款の変更や資本の減少、事業の譲渡、会社の解散や合併、計算書類（決算）の承認、剰余金の配当などです。

これらの事項はその内容によって、定足数や決議要件が次のように定められています。

① 普通決議

第4章 株主総会

株主総会の決議

決議の種類	定足数&決議要件	決議事項
普通決議	議決権過半数出席&出席株主の議決権の過半数	取締役などの選任・解任
特別決議	議決権過半数出席&出席株主の議決権の3分の2以上	定款変更等、会社分割、合併、減資、事業譲渡、取締役の責任の減免など
特殊決議①	半数以上の株主&当該株主の議決権の3分の2以上	株式全部についての譲渡制限など
特殊決議②	総株主の半数以上&総株主の議決権の4分の3以上	非公開会社における議決権の不平等取扱いに関する定款変更など

(定足数) 議決権を持つ株主のうち、議決権の過半数を持つ株主が出席

(決議要件) 出席株主の議決権の過半数

② **特別決議**

(定足数) 議決権を持つ株主のうち、議決権の過半数を持つ株主が出席

(決議要件) 出席株主の議決権の3分の2以上

③ **特殊決議**

(1) (定足数) 議決権を行使できる株主の半数が出席

(決議要件) その議決権の3分の2以上

(2) (定足数) 総株主の半数以上が出席

(決議要件) 総株主の議決権の4分の3以上

2 議決権

株主は原則として「1株につき1個の議決権」(一株一議決権の原則) を持っています。議決権は株主自身が株主総会に出席して行使するのが原則です。ただし、会社に委任状を提出して代理人に行使させたり、書面や電子メールで行使することも可能です。また、複数の議決権を株主は、〇個分については賛成、〇個分については反対と、議決権を統一しないで行使することができます。

さらに、以下のような一株一議決権の原則の例外となる株式があります。

① 議決権制限株式

株式ごとに権利の内容が異なる種類株式の1つで、剰余金の配当について優先する代わりに株主総会における議決権の行使に一定の制限が課されています。

② 自己株式・相互保有株式など

自己株式の議決権行使は認められていません。また、相手の会社の株式を取得して実質

単元株制度

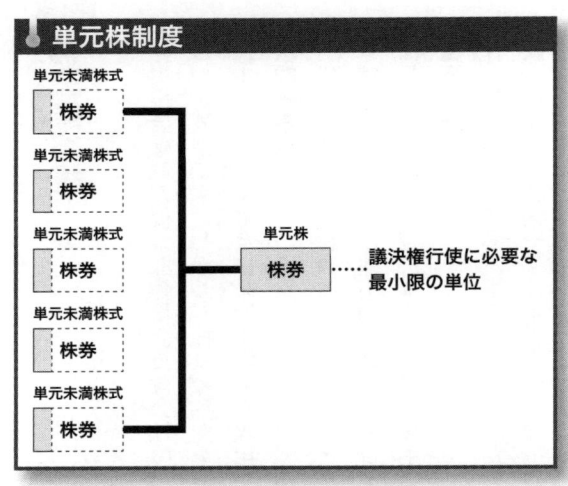

単元未満株式 → 株券
単元未満株式 → 株券
単元未満株式 → 株券 — **単元株** 株券 ……議決権行使に必要な最小限の単位
単元未満株式 → 株券
単元未満株式 → 株券

的に支配下にある場合、支配下にある会社は支配会社の株式について議決権を行使することができません。

③ 単元未満株式

1株に満たない株式を発行する単元株制度をとる会社においては、単元未満株式には議決権の行使が認められません。

3 株主提案権

株主総会は取締役(取締役会設置会社の場合は取締役会)が決定した議題について行われるのが原則です。しかし、株主の意向を経営に反映させるために、一定の条件を満たした株主には、株主総会の議題や議案を提出できる株主提案権が与えられます。

① 議題提案権

一定の事項を株主総会の目的とすることを請求できる権利です。取締役会設置会社では、引き続き6カ月以上(非公開会社であれば不要)、総株主の議決権の100分の1以上または300個以上の議決権を保有する株主でなければ行使できません。

② 議案提出権

株主総会の目的である事項について新たに議案を提出できる権利です。ただし、法令や定款に違反する議案や、3年以内に総株主の議決権の10％以上の賛成を得られなかった議案と同一の議案については、提出は認められません。1株の株主でも行使できます。

株主提案権

```
              ┌─① 議題提案権
株主提案権 ─┼─② 議案提出権
              └─③ 議案要領通知請求権
```

③議案要領通知請求権

株主が提出しようとする総会の議案の要領を他の株主に通知するように求めることができる権利です。②の議案提出権と同様、法令や定款に違反する議案や、3年以内に総株主の議決権の10％以上の賛成を得られなかった議案と同一の議案については、提出は認められません。また、①と同様、取締役会設置会社では、引き続き6カ月以上（非公開会社であれば不要）、総株主の議決権の100分の1以上または300個以上の議決権を保有する株主でなければ行使できませんが、取締役会非設置会社は1株の株主でも行使できます。

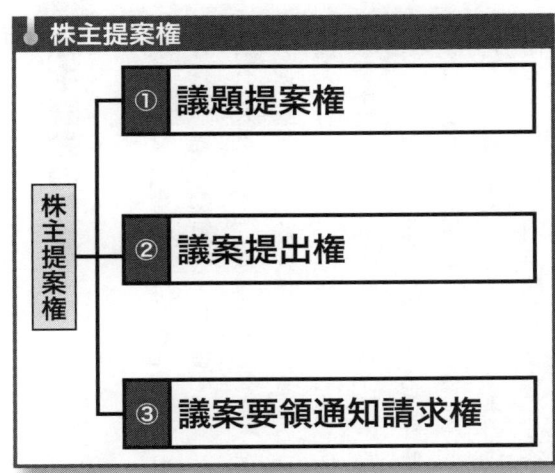

なお、これら各要件は定款の定めによって緩和することができます。

4 株主総会の招集

株主総会は原則として取締役（取締役会設置会社の場合は取締役会の決議に基づいて通常は代表取締役）が招集を行います。

各株主への招集通知状は余裕を持たせるために原則として、総会開催日の2週間前までに書面で発送されなければなりません（議決権のない株主には送付不要）。招集通知状には総会の日時、場所、議題などを記載した上で、次の書類を添付します。

・委任状……すべての株主に総会に出席してもらうのが難しいため、欠席の場合は他の株主を受任者とする委任状を提出させます

・計算書類……毎事業年度終了後に開催される定時総会で承認されます

ただし、書面または電子メールによる議決権行使を認めた場合を除き、株主全員の同意があるときは、招集の手続を経なくても株主総会を開催することができます。また、同様の場合、非公開会社では招集通知の発送から開催日までの期間を1週間に短縮することが

第4章 株主総会

株主総会の招集通知

	取締役会設置会社	取締役会非設置会社
招集権者	通常、代表取締役（取締役会の決議に基いて）	取締役
招集通知の発送	開催日の2週間前までに発送	開催日の1週間前までに発送（定款でさらに短縮可能）
通知の形式	原則書面（株主の承諾があれば電子メールも可）	口頭でも可（株主の承諾があれば電子メールも可）

できます（さらに、その会社が取締役会非設置会社の場合は定款でさらに短縮することが可能）。

また、総株主の議決権の3%（定款で3%以下にすることが可能）以上の議決権を引き続き6カ月（非公開会社であれば1日でも可能）以上保有している株主は、取締役に対して総会招集請求を行うことができます。

株主から招集請求があったにもかかわらず、招集手続が行われなかったり、8週間以内（定款で短縮することが可能）に招集通知が発せられない場合は、裁判所の許可によって株主が株主総会を招集することができます（少数株主権）。

5 株主総会当日の運営と議事録の作成

株主総会当日は、会社の所有者である株主が出席し、経営の基本的事項について決議するとともに、経営状態について役員にさまざまな質問を行う場です。

株主総会の議長は代表取締役が務めることが一般的です。議長は会社法に規定された議事整理権に基づいて、総会の秩序の維持と議事の進行を司ります。そして、取締役や監査役、執行役、会計参与は決議事項に対する株主からの質問に必要な範囲で答える義務があります。ただし、総会の目的事項に関係ないことについては、説明する義務はありません。

株主総会を開催したら、日時、場所、出席株主数と株式数、開会時刻、議案の提出、討議、議決方法、議案の決議結果、決議要件、閉会時刻を記録した議事録を作成しなければなりません。この議事録には当日取締役の資格を持って出席したすべての者が署名し、会社の本店に10年間、謄本を支店に5年間備置きされなくてはなりません。また、株主は常時この株主総会議事録を閲覧する権利を持っています。

第4章 株主総会

定時株主総会議事録の例

```
                    定時株主総会議事録

1. 日    時    平成    年    月    日
               午前    時    分 から 午前    時    分
2. 場    所    当会社本店会議室
3. 出 席 者
               発行済株式総数                          株
               この議決権を有する総株主数              名
               この議決権の数                          個
               本日出席株主数（委任状出席を含む）      名
               この議決権の個数                        個

4. 議    長           代表取締役  ○○  ○○
5. 出席役員           取締役      ○○  ○○
                     取締役      ○○  ○○
                     監査役      ○○  ○○
6. 会議の目的事項並びに議事の経過の要領及び結果
   議長は開会を宣し、上記のとおり定足数にたる株主の出席があっ
   たので、本総会は適法に成立した旨を述べて、議案の審議に入っ
   た。

   第一号議案  計算書類承認の件
       省略
   第二号議案  取締役及び監査役の任期満了による改選の件
       省略
   第三号議案  取締役の報酬総額改定の件
       議長は取締役の報酬総額を年額          円以内に改訂し、
       各取締役への配分は取締役会に一任したい旨を述べ、その承
       認を求めた。ここにおいて総会は別段の異議なく、これを承
       認した。

以上をもって本日の議事が終了したので、議長は閉会を宣した。

上記決議を明確にするため、本議事録を作成し、議事録作成者及び出
席取締役が次に記名押印する。

平成○年○月○日

株式会社○○○○   定時株主総会
        議長・議事録作成者       代表取締役  ○○  ○○
        出席取締役                           ○○  ○○
        出席取締役                           ○○  ○○
```

6 株主総会決議の瑕疵

株主総会の決議が会社法や定款の規定に違反していた場合、決議内容は無効となります。しかし、いつでも、誰でも無効を主張できるとなると、多くの人の利害に関係し、会社の業務に大きな混乱をもたらす可能性があります。そこで、以下のように決められています。

① 決議取消の訴え

以下の3つの場合に、株主総会の決議を取消す訴えを提起することができます。

- 招集の手続や決議の方法が法令もしくは定款に違反、または著しく不公正なとき
- 決議の内容が定款に違反するとき
- 決議について特別の利害関係を有する株主が議決権を行使したことで著しく不当な決議がされたとき

この訴えを提起できるのは株主や取締役、監査役などです。訴えは総会決議の日から3カ月以内にされなければなりません。ただし、前述の場合に該当していても、その違反事

第4章 株主総会

株主総会決議の瑕疵

訴えの種類	提訴権者	訴えの要件
決議取消	株主、取締役、監査役、執行役	・株主総会の招集、決議の方法が法令や定款に違反、または著しく不公正なとき ・決定内容が定款に違反するとき　など
決議無効確認	誰でも可	決議内容に重大な法令違反があるとき
決議不存在	誰でも可	株主総会の決議そのものの存在について疑いがあるとき

実が重大でなく、かつ決議に影響を及ぼさないと裁判所が認めたときは、裁判所はその請求を棄却することができます。

②決議無効確認の訴え

欠格事由のある取締役の選任や違法な剰余金配当など、決議内容に重大な法令違反があることに対する訴えです。いつでも、誰でも提起することができます。

③決議不存在の訴え

株主総会が実際に開催されなかったにもかかわらず議事録などで開催した記録を残したりするなど、決議そのものが存在しなかったことについての訴えです。いつでも誰でも提起することができます。

第5章 取締役会

1 取締役会の権限

取締役会は、会社の業務執行について決定を行うとともに、代表取締役およびその他の取締役が適正に職務を行っているかどうか監督する権限を持っています。

① 業務執行に関する決定

法令や定款で株主総会の決議事項とされているものを除き、会社の経営上の重要事項は取締役会で決定することができます。この重要事項のうち日常的なものは代表取締役に委任して決定させることができますが、代表取締役に過度の権限が集中するのを避けるために、次の事項については取締役会専決事項として、必ず取締役会で決議しなくてはならないことになっています。

・重要な財産の処分および譲受
・多額の借財
・支配人その他の重要な使用人の選任および解任

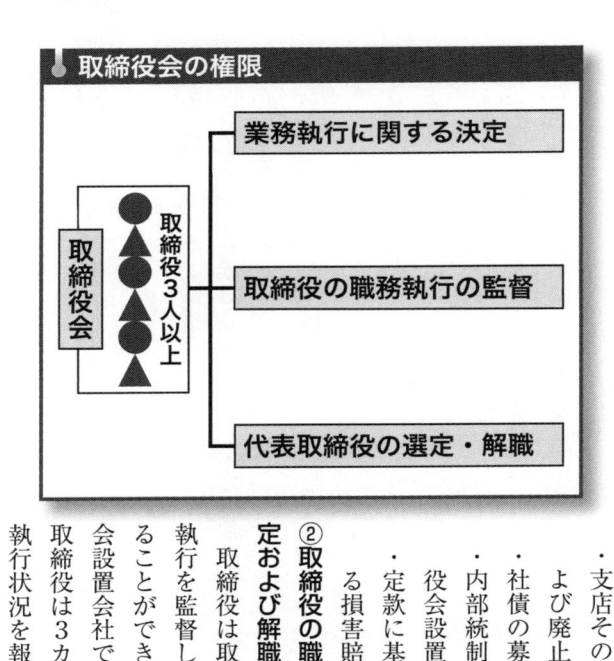

取締役会の権限

取締役会 — 取締役3人以上

- 業務執行に関する決定
- 取締役の職務執行の監督
- 代表取締役の選定・解職

- 支店その他の重要な組織の設置、変更および廃止
- 社債の募集に関する事項
- 内部統制システムの整備（大会社で取締役会設置会社のみ）
- 定款に基づいて行う、役員の会社に対する損害賠償責任の免除

②取締役の職務執行の監督、代表取締役の選定および解職

取締役は取締役会を通じて、取締役の業務執行を監督し、代表取締役の選任・解職をすることができます。また、代表取締役（委員会設置会社では代表執行役）および業務執行取締役は3カ月に1回以上、取締役会に業務執行状況を報告する義務があります。

2 内部統制システムの構築

内部統制システムは、企業コンプライアンスあるいは法令遵守措置などとも呼ばれますが、企業が不祥事を起こさないための予防措置、および仮に不祥事を起こしてしまった場合の事後措置のことを言います。

この内部統制システムは、アメリカで提唱された「COSOフレームワーク」という企業コンプライアンスモデルに由来します。同モデルは内部統制の目的を、「業務の有効性・効率性の向上」「財務報告の信頼性」「法令の遵守」であるとし、さらに内部統制を構成する要素として、「統制環境」「リスク評価」「統制活動」「情報と伝達の機能」「監視活動」「ITへの対応」の6つを挙げています。

わが国でも相次ぐ企業不祥事を背景に、大会社では取締役会で取締役(委員会設置会社では執行役)が内部統制システムを構築することを義務化しています。

内部統制システムとして、どのような体制を構築するかは、各企業に委ねられています

第5章　取締役会

COSOフレームワーク

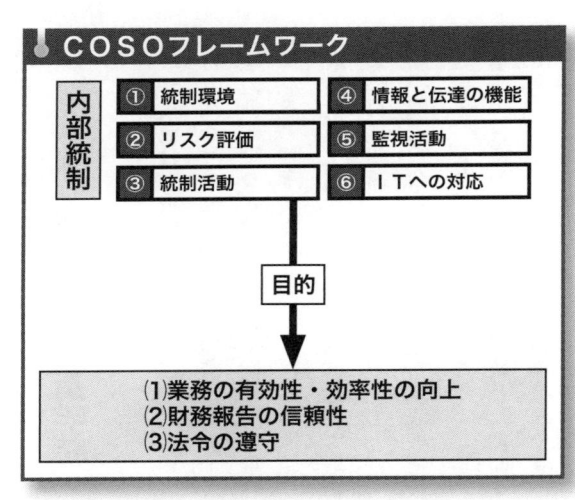

内部統制	① 統制環境	④ 情報と伝達の機能
	② リスク評価	⑤ 監視活動
	③ 統制活動	⑥ ITへの対応

↓ 目的

(1) 業務の有効性・効率性の向上
(2) 財務報告の信頼性
(3) 法令の遵守

が、その基本方針は法務省令で次のように定められています。

① 取締役の職務執行に関する記録の保存・管理などに関する体制
② 損失の危険の管理に関する規定その他の体制
③ 取締役の職務の執行が効率的に行われることを確保するための体制
④ 使用人の職務の執行が法令および定款に適合することを確保するための体制
⑤ 当該株式会社ならびにその親会社・子会社から成る企業グループにおける業務の適正を確保するための体制
⑥ 監査役(委員会設置会社では監査委員会)の職務が実効的に行われる体制

3 取締役会の招集① 招集手続

取締役会は、取締役会の専決事項について決定する必要がある場合、その都度開催されなければなりません。また、監査役設置会社の代表取締役・業務執行取締役、委員会設置会社の執行役などは3カ月に1回以上、取締役会に職務の執行状況を報告する義務がありますので、取締役会は少なくても3カ月ごとに開催する必要があります。

取締役会を招集する権限は原則として取締役全員が持っており、開催日の1週間(定款で短縮可能)までに招集通知を出すことができます。しかし、現実にはほとんどの会社が定款や取締役会規則で、招集権を代表取締役に限定させていることが一般的です。

ただし、招集権者が定められている場合でも、招集権者以外の取締役は招集権者に対して議題(会議の目的事項)を記載した書面を提出し、取締役会の招集請求を行うことができます。そして、招集権者が招集請求を受けてから5日以内に、請求の日から2週間以内を開催日とする取締役会の招集通知を出さないときは、自ら取締役会を招集することがで

第5章 取締役会

取締役会の招集

- 招集権者
- 非招集権者
- 取締役会開催

① 議題を記載した書面を提出して、招集請求

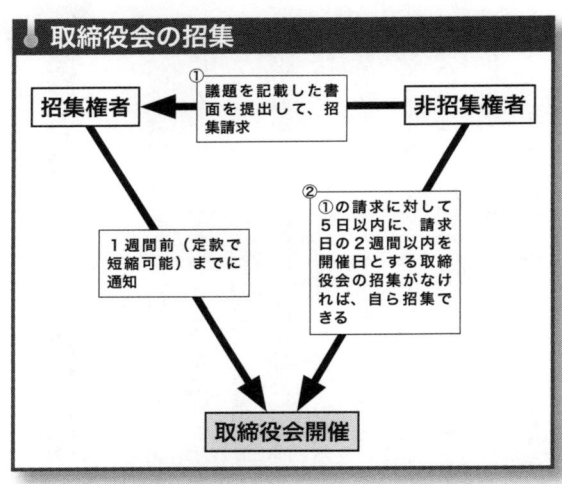

② ①の請求に対して5日以内に、請求日の2週間以内を開催日とする取締役会の招集がなければ、自ら招集できる

1週間前（定款で短縮可能）までに通知

きます。このとき、招集権者は招集請求を拒否することはできません。

また、取締役の行為が法令や定款に違反していたり、あるいは会社の目的に反する恐れがある場合、または会社の目的に反する場合などは、監査役や会計参与設置会社における株主、委員会設置会社における委員や執行役にも、前述と同様の手続で取締役会の招集を請求する権利が認められ、一定の場合には監査役や株主が自ら取締役会を招集することができます。

なお、取締役会へ参加しなくてはならないのは原則として、取締役と監査役だけです。

ただし、必要に応じて管理職や一般従業員、その他社外の者（顧問弁護士など）の出席を認めることができます。

4 取締役会の招集② 招集通知

　取締役会の招集通知は、開催日の1週間前までに各取締役（監査役設置会社の場合は監査役にも）に対してなされるのが原則ですが、この期間は定款で短縮することが可能で、ほとんどの会社が開催日の2、3日前としています。

　招集通知の内容については、日時・場所などを通知すればよいとされており、あらかじめ議題を通知しなかったり、すべての議題を書いておく必要はありません。これは取締役には取締役会に出席して、あらゆることを審議する義務があり、議題によって出席や欠席を判断する余地を残すことは適切ではないからです。ただし、前項で説明したように、招集権者ではない取締役が取締役会の招集を請求する場合は、議題を記載した書面を招集権者に提出する必要があります。

　また、招集の通知は書面による必要はなく、緊急に取締役会を開催しなくてはならない必要が生じた場合は、口頭や電話でも構いません。ただし、後日の紛争を避けるために文

取締役会招集通知の例

```
                                          平成○年○月○日
山田一郎　取締役　殿
                        田中物産株式会社
                        代表取締役社長　鈴木三郎　㊞

                    取締役会招集通知

下記のとおり取締役会を開催いたしますので、ご出席くださいますよ
うご通知いたします。

                       記

  1．日時　平成○年○月○日（○曜日）　午前○時
  2．場所　当社本店　7階大会議室
  3．議題
     ⑴中国上海に現地法人を設立する件
     ⑵その他
                                               以上
```

書にしておいたほうが賢明です。

万が一、招集通知に漏れがあり、一部の取締役や監査役が出席できなかった場合、原則としてその取締役会での決議は無効となります。「その取締役が出席したとしても、決議の結果に影響を及ぼさない」と認めることができる特別な事情がある場合は、決議は有効になる場合もありますが、あくまでも例外であり、招集通知の漏れにはくれぐれも注意しましょう。

なお、定例取締役会のように、取締役と監査役（監査役設置会社の場合）の全員が開催に同意し、日時や場所を知っている場合は、前述の招集手続は省略できます。

5 取締役会の決議

取締役会の決議は、決議に参加できる取締役の過半数が出席し、その取締役の過半数の賛成で行うのが原則です。ただし、定款でこの定足数と決議要件を加重することは可能です。取締役会に出席するのは取締役本人でなければならず、代理人を立てることはできません。また、議長は代表取締役が務めるのが一般的です。

そして、決議について特別な利害関係を持つ取締役は、決議の公正を図る必要から、いわゆる「特別利害関係人」として決議に参加することができず、取締役会の定足数にもカウントされません。特別利害関係人とは、たとえば、競業取引や利益相反取引を行うにあたって取締役会の承認が必要な取締役や、解任決議における代表取締役、実子が取締役候補になっている場合の代表取締役などを指しますが、ケースバイケースで判断しなくてはなりません。

また、取締役の一部が中座した場合、残った取締役だけで決議を行うことは認められま

第5章　取締役会

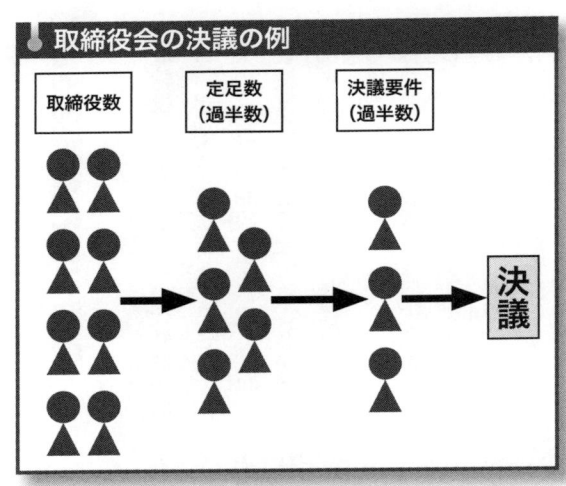

取締役会の決議の例

| 取締役数 | 定足数（過半数） | 決議要件（過半数） |

→ 決議

すが、反対派の取締役が中座したときを狙って意図的に決議を行った場合は、その決議が無効とされる可能性もあります。

なお、実際に取締役全員が一同に会さなくても、テレビ会議システムや電話会議システムを使って取締役会を開き、決議するのは認められています。

そのほか、取締役が提案した議案について、決議に参加できる取締役全員が書面や電子メールで同意している場合は、取締役会を開催しなくても、その議案を決議（持ち回り決議）したものとして扱われます。ただし、定款に予め定めがあることと、監査役設置会社では監査役が提案事項に異議を唱えないことが必要です。

6 特別取締役による決議

取締役が6人以上でかつ社外取締役が1人以上いる会社の場合、通常の取締役会の決議では、迅速な意思決定をすることが困難であることから、取締役の中からあらかじめ3人以上の「特別取締役」を選出し、以下の迅速な意思決定を要する事項については、その特別取締役だけで決議をすることが認められています。

① 重要な財産の処分、譲受け
② 多額の借財

特別取締役の設置は取締役会の決議があれば十分で、定款の変更は必要ありません。しかし、登記しなくてはなりません。

特別取締役会は各特別取締役によって招集されますが、原則として開催日から1週間前に各特別取締役と各監査役に通知する必要があります。一般の取締役会には認められている株主による招集請求は認められません。

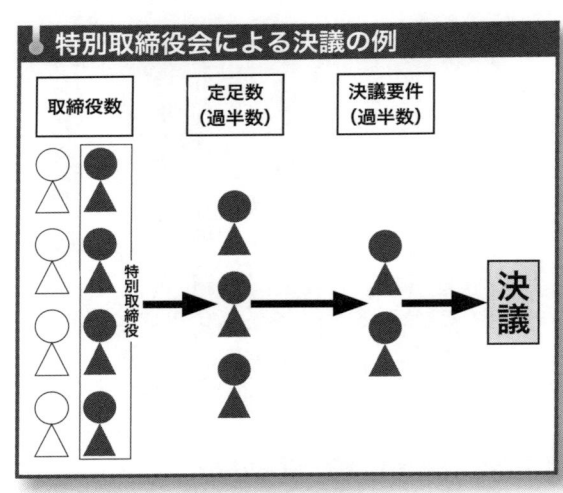

特別取締役会による決議の例

取締役数	定足数（過半数）	決議要件（過半数）	
○▲ ○▲ ○▲ ○▲ ○▲ （特別取締役）	●▲ ●▲ ●▲	●▲ ●▲	決議

特別取締役会は、特別取締役の過半数が出席し、その過半数で決議することが原則ですが、取締役会決議によって、定足数や決議要件を過半数以上にすることが可能です。ただし、特別の利害関係を持つ特別取締役は決議に加わることはできません。また、一般の取締役会には認められている持ち回り決議や書面または電子メールによる決議はできません。

なお、特別取締役は予め互選によって、決議結果を他の取締役に遅滞なく報告しなければなりません。

また、複数の監査役がいる会社では、互選によって特別取締役会に出席する監査役を定めておくことができます。

7 取締役会議事録

取締役会は、書面あるいはコンピュータデータで議事録の作成が義務づけられています。

議事録には、「議事の経過の要領およびその結果」を記載します。「議事の経過」とは、開催の日時、場所、定足数（取締役○人中○名出席）、議長、付議事項の内容、審議の模様、決議方法、閉会時刻などであり、「結果」とは決議事項が可決されたか否かです。なお、決議に反対した取締役がいた場合は、議事録に誰が反対したのかを記しておかないと、後日株主代表訴訟などで取締役の責任が追及された際には、全員が賛成したと推定されてしまう可能性があります。議事録は書面の場合は記名捺印、コンピュータデータで作成した場合は電子署名しなければなりません。

また、議事録は会社の本店に開催日から10年間備え置かれて、監査役設置会社・委員会設置会社の株主はその権利行使に必要なとき、債権者は取締役または監査役の責任追及に必要なとき、本店所在地の地方裁判所の許可を得て、議事録の書面やデータの閲覧または

第5章 取締役会

📖 取締役会議事録の例

取締役会議事録

1. 日時　平成○年○月○日　午前○時
2. 場所　当社本店役員会議室
3. 取締役○人中○名出席
4. 議事の経過の要領及び議案別の決議の結果
   代表取締役社長○○○○が議長に就任、直ちに議案の審議に入る

第1号議案　中国・上海に100％出資による現地法人設立について
議長による上記の提案について、議場に諮ったところ、出席取締役全員異議なく承認した。

以上をもって本日の議事を終了したので、午前○○時議長は閉会を宣言した。

平成○○年○月○日
田中物産株式会社取締役会　議長　代表取締役社長　○○○○　㊞
　　　　　　　　　　　　　　　　専務取締役　　　　○○○○　㊞
　　　　　　　　　　　　　　　　常務取締役　　　　○○○○　㊞
　　　　　　　　　　　　　　　　取締役　　　　　　○○○○　㊞
　　　　　　　　　　　　　　　　監査役　　　　　　○○○○　㊞

謄写を請求することができます。ただし、取締役会議事録には企業秘密も記載されているので、裁判所は議事録の閲覧または謄写によって、会社またはその親会社もしくは子会社に著しい損害を生ずる恐れのある場合は許可をすることはできません。なお、会計参与設置会社の場合、裁判所の許可は不要で、株主は営業時間内ならいつでも請求ができます。

議事録の作成は、取締役会の開催の証拠となりますが、唯一の証拠方法ではありません。議事録は登記すべき事項がある場合は添付書類となります。法務局はこの際に議事録を形式審査しますが、取締役会が明らかに不成立と判断した場合はその申請を却下することができます。

103

第6章 取締役の任免と処遇

1 取締役の資格

取締役になるにあたって、特別な資格はありません。しかし、取締役は経営のプロとして経営全般に責任を持つ立場ですので、会社法では次のような欠格事由を定めています。この欠格事由に該当する者は株主総会で取締役に選ばれても無効になりますし、取締役の任期中に該当することになった場合は取締役を辞任しなくてはなりません。

① 法人
② 成年被後見人または被保佐人、外国の法令で同様に取り扱われている者
③ 会社法、中間法人法、証券取引法、民事再生法、会社更生法、破産法などで刑に処せられ、執行を終えた日または執行を受けることがなくなった日から2年を経過していない者
④ その他の犯罪を犯して禁固刑以上の刑に処せられ、執行を終わるまでの者、または執行を受けることがなくなるまでの者

取締役になれない場合

会社法上の欠格事由

① 法人

② 成年被後見人、被保佐人

③ 会社法などで刑に処せられ、執行から2年経過していない者

④ その他の犯罪で禁固刑以上に処せられ、執行が終わっていない者

＋

公務員の職務専念義務

① 在職中の国家・地方公務員

② 離職後2年経っていない国家公務員

以上の欠格事由に該当しなければ、法律上は誰でも取締役になることができます。ただし、未成年者については民法で行為能力について制限されており、法定代理人（通常は親）の同意がなければその取引は取消することができます。したがって、未成年者を取締役にすることは、適切とは言えないでしょう。

また、現役の公務員は、国家公務員法や地方公務員法の「職務専念義務」により、会社の取締役を兼任することはできません。退任した公務員についても、国家公務員は離職2年間はその離職前5年間に在籍していた人事院規則で定める国の機関（および独立行政法人）と密接な関係にある会社の取締役にはなれません。

2 定款における取締役の資格制限

会社法上の欠格事由に該当しないか、現役公務員でなければ、誰でも取締役に就任することができるのは前項で述べたとおりです。

では、逆に会社の定款で自社の取締役になれる人の資格を制限することはできるのでしょうか。

会社が自社の組織をどのように構築するかは原則自由であり、取締役にどのような人を望むかを定款に盛り込むのも自由と考えられます。したがって、その理由が「合理的な範囲」であるかぎりはそのような制限は認められます。

たとえば、「取締役は日本人に限る」という定款は、私的自治の範囲として有効とした判例があります。しかし、「取締役は男性に限る」という定款は、憲法の保障する「法の下の平等」に反するとして無効になります。

また、「取締役は株主に限る」という定款は、「経営に参画する人材は幅広く求めるべき」

第6章 取締役の任免と処遇

という理念から、公開会社(株式の譲渡に制限をしていない会社)においては、会社法は取締役を株主に限ることを禁じていますが、一方で非公開会社の場合は、そのような規定を定款に盛り込むことは認められます。

このように、定款で取締役の資格を制限することの是非はケースバイケースで考えるべきですが、基本的によほどの合理的な理由がないと難しいということが言えます。

3 取締役の選任と就任

取締役は株主総会において選任されます。取締役の選任はその重要性から株主総会の普通決議として、議決権を行使できる株主の議決権の過半数を有する株主が出席し、その過半数の賛成による決議が必要です。ただし、定款でこの定足数を3分の1に軽減したり、決議要件を厳しくすることは可能です。

また、定款にあらかじめ定めがある場合、2人以上の取締役を選任する際に、1株あたりに選任する取締役の数と同数の議決権を認め、一括して選任を行う「累積投票」の方法をとることもできます。

このほか、株主総会では、取締役の数が死亡や退職などにより、法律または定款で定めた員数を割ったり、欠けたりする場合に備えて、あらかじめ補欠取締役を選任しておくこともできます。これについては定款で定めておく必要はありません。

株主総会で選任された取締役は、就任を承諾することで、正式に就任が決まります。承

役員就任承諾書の例

```
田中物産株式会社　御中

            就任承諾書

　私は、平成○年○月○日開催の貴社株主総会におい
て、貴社の取締役に選任されたので、その就任を承諾し
ます。

　平成○年○月○日

                        ○県○市○町○丁目○番○号
                        小林純一郎　㊞
```

　諾の意思表示は黙示でも構いません。取締役が株主総会で選任されることを条件にあらかじめ就任を承諾している場合は、株主総会での選任決議によって効力が生じ、選任の登記をしなくても効力が生じます。

　ただし、取締役の選任は登記しておかないと、第三者に対抗することはできません。登記する場合は、「役員就任承諾書」を作成して、取締役就任を承諾してから2週間以内に本店管轄の登記所（法務局）で登記します。

　この役員就任承諾書は、株主総会議事録に取締役就任承諾の旨が記載されていれば当該議事録の提出で援用することができます。

4 取締役の退任

①辞任の場合

取締役はいつでも辞任することができます。辞任の理由は問われません。

ただし、会社と取締役は委任契約の関係にあるので、辞任する取締役には事務引継や事後処理の義務があるほか、取締役の員数が足りなくなった場合は新たな取締役が就任するまで取締役としての権利・義務が残ります。

辞任の意思表示は、辞任届を代表取締役に提出するのが一般的です。代表取締役に提出できない場合は取締役会に提出します。この辞任の意思表示をもって辞任の効力が生じますが、会社は辞任した取締役の辞任届を添付して2週間以内に登記を行う必要があります。

この登記が終わるまでは、その取締役が退任した事実を知らない第三者に辞任の事実を主張できず、取締役としての責任を追及される可能性があります。会社がなかなか辞任登記をしてくれない場合は最終的に裁判で辞任登記をするように請求するしかありません。

辞任届の例

```
田中物産株式会社
代表取締役　鈴木三郎　殿

            辞任届

 私は、このたび一身上の都合により、貴社の取締役を
辞任いたしたく、お届けいたします。

  平成○年○月○日

              ○県○市○町○丁目○番○号
                    ○○○○　㊞
```

裁判で判決が確定すると、辞任した取締役が自分で辞任登記を行うことができます。

② 任期満了の場合

任期が満了した場合、取締役は再任されなければ退任することになります。

③ 死亡、成年被後見人などの場合

取締役が死亡した場合、成年被後見人になった場合、会社が破産した場合、取締役の欠格事由に該当することになった場合は、取締役の地位は失われます。

④ 資格を喪失した場合

たとえば定款で「取締役は日本国籍を有する者に限る」と定められている場合に、その取締役が日本国籍を失った場合は、取締役の資格を失います。

5 取締役の解任

会社は取締役が業務上のミスで会社に損害を与えたり、会社の業務執行に支障を来すような「正当な事由」がある場合、いつでもその取締役を解任することができます。

取締役の解任は、原則として取締役会が発議して、株主総会で決議されます。

株主総会では、取締役の解任は選任と同様、普通決議として、議決権を行使できる株主の議決権の過半数を持つ株主が出席し、その過半数によって決議が行われます。

ただし、この解任決議については、定款の特別規定で、定足数を議決権を行使できる株主の議決権の3分の1まで軽減したり、逆に過半数を超える基準に過重することができます。また、累積投票で選ばれた取締役の解任は特別決議として、議決権の過半数を有する株主が出席し、その3分の2以上による決議が必要です。

このように、代表取締役であっても、自分の意思で勝手に取締役を解任することはできません。また、正当な事由がないにもかかわらず解任された取締役は、会社に対して損害

取締役の解任

```
株主総会
  ↓ 選任・解任
取締役会
  取締役 取締役  代表取締役  取締役 取締役
  取締役 取締役              取締役 取締役
```

賠償を請求することができます。

一方、取締役自身に不正行為や法令・定款に違反する重大な事実があるにもかかわらず、その取締役の解任決議が株主総会で否決されてしまった場合、一定の要件を満たす株主は総会の日から30日以内に「取締役解任の訴訟」を提起することができます。一定の要件とは、総株主の議決権（または発行済み株式総数）の3％以上の株式を6カ月前から保有している場合を言います（非公開会社では6カ月という要件は不要）。原告株主が勝訴したときは、問題の取締役は自動的に解任されたことになります。

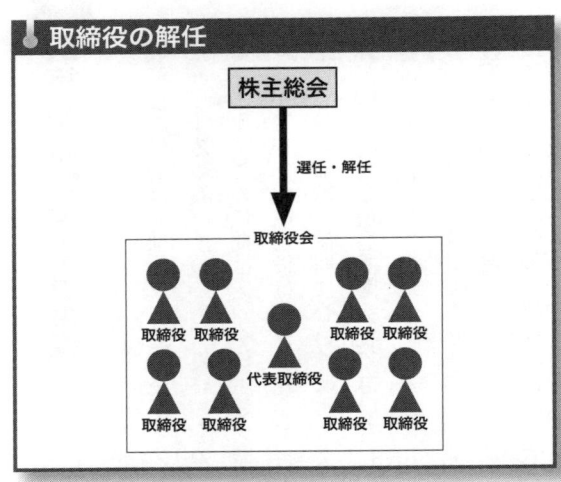

6 取締役の任期と労働条件

取締役の任期は原則として選任から2年、より正確には「株主総会での選任後2年以内に終了する事業年度のうち、最終のものに関する定時株主総会の終結のときまで」とされています。この任期は定款や株主総会の決議によって、短縮することが可能です。

任期が満了した取締役は、株主総会で再任されなければ、退任します。

ただし、取締役の任期については次のような例外もあります。

① **非公開会社で委員会設置会社でない会社の場合**

定款で取締役の任期を最長で、選任後10年以内に終了する事業年度のうち、最終のものに関する定時株主総会の終結のときまで延長することが可能です。

② **委員会設置会社の場合**

取締役の任期は選任後1年以内に終了する事業年度のうち、最終のものに関する定時株主総会の終結のときまでです。

取締役の任期

原則	選任後2年以内に終了する事業年度のうち、最終のものに関する定時株主総会の終結のときまで
非公開会社で委員会設置会社でない場合	選任後10年以内に終了する事業年度のうち、最終のものに関する定時株主総会の終結のときまで延長可能
委員会設置会社の場合	選任後1年以内に終了する事業年度のうち、最終のものに関する定時株主総会の終結のときまで

ところで、取締役は会社と委任契約を結んでおり、雇用契約を結んでいる従業員とは立場が異なります。従業員であれば、会社に賃金や労働時間、休日、解雇、就業中の遵守事項などを定めた就業規則が必ずあり、それによって保護されますが、取締役は従業員ではないので、就業規則は適用されません。

したがって、取締役にも就業に関する定めを設けたい場合は、別途「取締役就業規定」を定める必要があります。ただし、法律上、このような規定を定める義務はありません。

なお、従業員としての地位を兼任している「使用人兼務取締役」の場合は、従業員としての地位については原則として就業規則が適用されることになります。

7 役員報酬の範囲

一般従業員が雇用契約に基づく労働の対価として「賃金」を受け取るのに対し、取締役は委任契約に基づく業務遂行の対価として「報酬」を受け取ります。

監査役設置会社、会計参与設置会社、取締役会非設置会社では、取締役および監査役の報酬の額や算定方法は、定款あるいは株主総会で定めることとされています。これは取締役会で報酬を決められるとなると、取締役は自分たちの報酬を自分たちで決められることになると同時に、監査役の報酬をコントロールできることで監査役に影響を与えることができ、コーポレートガバナンス上好ましくないからです。したがって、代表取締役といえども、自分や他の取締役の報酬を勝手に決めて、支払うことはできません。

現実には、報酬は株主総会で定めることが一般的です。ただし、各取締役の収入は個人のプライバシーでもあるので、株主総会では全取締役の報酬総額の最高限度額のみを決定し、個々の取締役の報酬は取締役会で定めることが判例では認められています。

第6章 取締役の任免と処遇

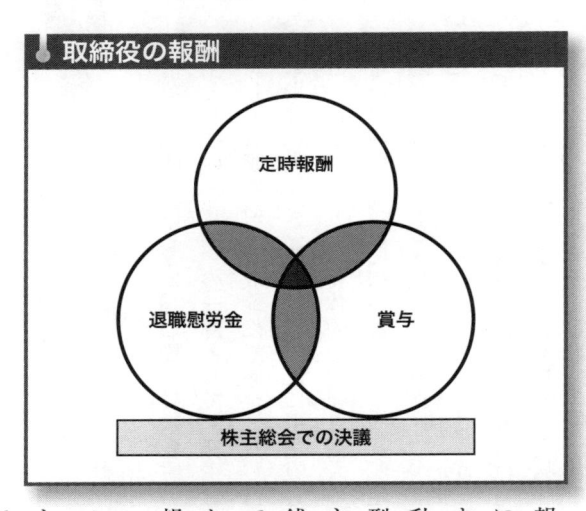

取締役の報酬

- 定時報酬
- 退職慰労金
- 賞与

株主総会での決議

株主総会での決議が必要な報酬には、定時報酬、賞与、退職慰労金がありますが、金銭に限らず、物品、株式、住宅その他を含みます。また、報酬を確定金額ではなく、業績連動型にすることもできます。ただし、非金銭型報酬や業績連動型報酬を定める場合は、株主総会でその相当とする理由を開示し、非金銭型であればその具体的内容を、業績連動型であればその具体的算定基準を定めなければなりません。また、会社は取締役に支払った報酬の総額を開示しなければなりません。

もっとも、会社が取締役に支給するものすべてが役員報酬になるとはかぎりません。たとえば取締役や監査役の職務執行上必要となる旅費や会食費などは報酬には該当しません。

8 退職慰労金

前項で説明したように、取締役に退職慰労金を払う場合は、取締役の職務執行に対する対価としての「報酬」の一部として、株主総会での決議が必要です。過去にどんなに会社に対して貢献のあった取締役であっても、当然に請求できるわけではありません。

本来は「退任する取締役○○氏に退職慰労金××円を贈呈する」という議案に決議をすることになりますが、具体的な金額は個人のプライバシーになりますので、実際には「退任した取締役の功労に報いるため、当社所定の役員退職慰労金支払基準に従い、相当の範囲内で退職慰労金を支払う」という形で、金額や支払時期、支払方法を明示せず、取締役会に一任する方法で総会決議を行うことが一般的になっています。

ただし、このような形で決議を行うには、退職金の支払基準が「役員退職慰労金支払規定」のような形で定まっていること、支払基準の内容が裁量を許さないような明確なものであること、支払基準が本店などに備え置かれて株主が閲覧できることが条件となります。

退職慰労金の決め方

株主総会
総額など基本的事項のみ決定

↓

取締役会
個々の取締役への支払額、支払い時期、支払方法など決定基本的事項のみ決定

※ただし、退職金の支払基準が「役員退職慰労金支払規定」のような形で定まっていること、支払基準が明確であることが条件

なお、取締役営業本部長などの「使用人兼務取締役」が退職する場合、取締役として受け取る部分については、前述のような株主総会の承認が必要となりますが、使用人として受け取る部分については、株主総会の承認は必要ありません。

また、取締役が同業他社に転職する場合は退職金を通常の半額にする旨を、役員退職慰労金支払規定で定めておくことは、転職後の行う職務が関連していれば、取締役の重要性から有効であると考えられます。

第7章 いろいろな取締役

1 代表取締役① 権限と責任

代表取締役は、①対外的に会社を代表する、②取締役会が決定した業務執行方針に基づいて会社の業務を執行する権限を持つ、という大きく2つの権限を持っています。

そして、取締役会は、取締役会決議事項を除く多くの事項について、代表取締役に業務執行の権限を委任することができます。したがって、代表取締役の持つ権限は他の取締役と比べて非常に大きいと言うことができるでしょう。

その反面、代表取締役は取締役会に対して、3カ月に1回は業務執行状況を報告する義務があります。

法的に代表取締役が職務を行った際に第三者に損害を与えた場合、会社は損害を賠償する責任を負います。また、代表取締役が行った行為は、会社が行った行為と見なされます。したがって、代表取締役の権限は定款や取締役会規則、取締役会決議などで制限することができますが、そのことを知らずに代表権があるものと思って取引した第三者を保護す

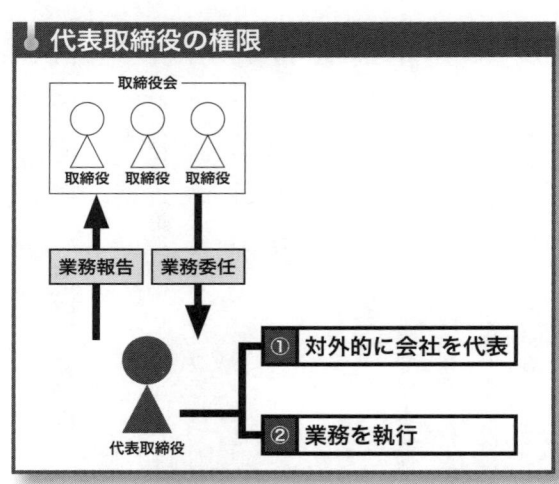

第7章 いろいろな取締役

代表取締役の権限

- ① 対外的に会社を代表
- ② 業務を執行

るために、会社は代表取締役の代表権の制限を主張することはできません。

なお、複数の代表取締役がいる場合、原則として個々の代表取締役がそれぞれ会社を代表し、それぞれが単独で行った行為の効果は会社に帰属します。

一方、代表取締役は他の取締役と同様、会社に対しては委任関係における受任者にすぎません。したがって、代表取締役であるからというだけの理由で会社の債務に直接責任を負うことはありません。しかし、会社が銀行などから融資を受ける際は、代表取締役個人が連帯保証を求められることが往々にしてあります。この場合、代表取締役は個人として連帯責任を負うことになります。

2 代表取締役② 選任と終任

代表取締役は取締役の中から選出されますので、取締役であることが条件です。取締役であれば、非常勤取締役や社外取締役であっても問題ありませんし、複数でも構いません。実際の選任要件は、取締役会設置会社と取締役会非設置会社とで異なります。

① 取締役会設置会社の場合

取締役会の決議により、取締役の中から代表取締役を選定しなければなりません。

② 取締役会非設置会社の場合

各取締役が会社を代表するので代表取締役の設置は任意ですが、定款あるいは株主総会の決議、定款に基づく取締役の互選で代表取締役を選定することもできます。選定を行わなかった場合は取締役全員が代表取締役になり、取締役が1名しかいない場合はその取締役が代表取締役になります。

一方、代表取締役の終任事由としては、次のようなものがあります。

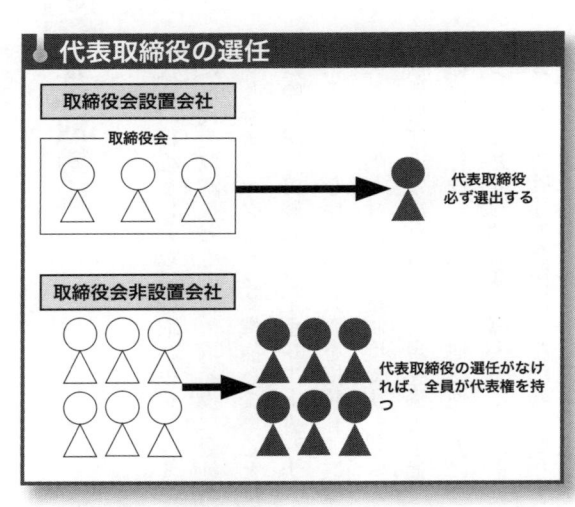

代表取締役の選任

取締役会設置会社

取締役会 → 代表取締役　必ず選出する

取締役会非設置会社

代表取締役の選任がなければ、全員が代表権を持つ

① 任期満了、辞任、株主総会決議による解任、被選任資格の喪失による取締役としての資格の喪失
② 定款などで代表取締役の任期が定められている場合の任期の満了
③ 自身の判断による辞任
④ 取締役会決議による解職

④の取締役会決議による解職はあくまでも代表取締役としての地位を失うだけで、取締役を解任されるわけではありません。取締役としての地位を解任される場合は株主総会です。

なお、代表取締役が死亡した場合は、すみやかに新しい代表取締役を選任する必要があります。

3 社外取締役

代表取締役や自分以外の取締役を監督するのは本来取締役全員の義務です。しかし、現実には代表取締役とその他の取締役は会社の中では上下関係が往々にしてあったり、仲間意識が強く、必ずしもチェックがうまく機能しているとは言い難い状況が見受けられます。

この状況を打破し、コーポレートガバナンス（企業統治）を強化するために、会社と直接利害関係のない外部の人間を招聘して取締役に就任させ、監督として機能させる目的で導入されたのが社外取締役制度です。

社外取締役になれるのは、現在過去を通じて、その会社および子会社の業務を執行する取締役や執行役、支配人その他の使用人になったことのない者に限られます。

また、社外取締役制度を導入することを義務づけられているのは、委員会設置会社（→委員の過半数は社外取締役でなければなりません）と特別取締役による決議制度を採用している会社（→社外取締役が1人以上いなければなりません）のみです。ただし、任意に

第7章 いろいろな取締役

社外取締役

社外取締役を設置することはすべての会社に認められています。

社外取締役も取締役の一員として、一般の取締役と同様の権利と義務を負います。当然、株主代表訴訟で訴えられる対象にもなります。

しかし、これでは社外取締役になるリスクが高くなり、なり手がいなくなるということから、定款で社外取締役の会社に対する責任を限定する契約（責任限定契約）を結ぶことができる特別な制度が設けられています。

また、前出の委員会設置会社や特別取締役による決議制度を採用している会社の社外取締役、および責任限定契約を結んだ社外取締役は、社外取締役である旨を登記する必要があります。

4 使用人兼務取締役

取締役と従業員の会社との関係は、それぞれ委任契約と雇用契約であり、本来はまったく別個のものです。しかし、実際には従業員として会社に入社してキャリアを積み、「取締役営業部長」などのように、従業員のまま取締役に就任するということがよくあります。

このような取締役を「使用人兼務取締役」と言います。

使用人兼務取締役は、雇用契約に基づく従業員としての務めと、委任契約に基づく取締役としての義務と責任の両方を負うことになります。法律的にも、労働基準法その他の法律で守られる反面、雇用主の指示には服さなければならない従業員としての立場と、会社とは対等な関係にある一方でいつでも委任契約を解消される可能性がある取締役という立場の、矛盾した状況になります。

したがって、多くの会社では従業員を取締役にする場合は一旦退職させて雇用契約を解消した後に、改めて取締役として委任契約を結ばせることが多いようです。この場合、退

第7章　いろいろな取締役

職時に従業員としての退職金が支払われ、取締役退任時に取締役としての退職慰労金が支払われることになります。

一方、小規模な会社やオーナー経営の会社では、取締役といっても箔つけ的な肩書にすぎず、実態は部門の上位管理者とほとんど変わらないことがあります。そのような場合は従業員としての立場と取締役の立場の両方を兼任させるという選択肢もあります。

いずれにせよ、取締役と従業員の線引きは重要なものですので、就業規則で取締役になった際の取決めを明記しておくことが望ましいと言えます。

なお、委員会設置会社では、取締役の使用人兼務は禁止されています。

5 役付取締役

会社法は代表取締役については個別に規定を設けていますが、その他はただ取締役としているだけです。

しかし、実際には多くの企業が定款で「専務取締役」とか「常務取締役」という役職を設けて、「代表取締役会長」「代表取締役社長」「代表取締役副社長」「代表取締役専務」「取締役社長」「取締役専務」などのような形で用いています。中には、「代表取締役 CEO」「代表取締役 最高経営責任者」のような肩書の会社もあります。

まず、専務は会社の業務全般の管理、常務は会社の日常業務を担当し、どちらも社長を補佐する役員というのが一般的な概念ですが、もちろん法的に根拠があるわけでなく、主に取締役間の序列を表すのに用いられています。ただし、専務については代表権がついていなくても、表見代表取締役として代表権を持っているように扱われることがあります。

次に、会長や社長、副社長も法的には根拠がなく、社内の序列を表す言い方です。社長

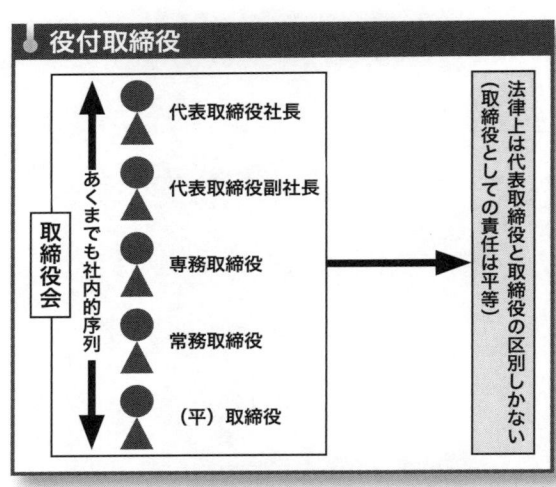

役付取締役

取締役会:
- 代表取締役社長
- 代表取締役副社長
- 専務取締役
- 常務取締役
- （平）取締役

あくまでも社内的序列

→ 法律上は代表取締役と取締役の区別しかない（取締役としての責任は平等）

は会社のトップとして代表取締役であることが一般的ですが、必ずしも代表取締役や取締役である必要はありません。同様に、会長は前社長が名誉職的に就くポスト、副社長は社長に次ぐナンバー2のポストとして用いられますが、これらも代表取締役や取締役である必要はありません。

最後に、CEOや最高経営責任者は、アメリカを中心に欧米企業で用いられている職制を一部の日本企業が導入しているものですが、これも日本の法制とは関係ありません。

以上のように、これらの肩書はその会社内部の序列を示すだけものであり、会社法上はあくまでも代表取締役と取締役の二種類しかないことを理解しましょう。

第8章 会社の整理

1 倒産会社の整理

企業が倒産したとき、各債権者が協調して倒産企業の清算をしようとするのが、いわゆる**債務整理**です。債務整理には、裁判所の監督の下に公平に行う**法的整理**と、裁判所の監督なしに債務者と債権者の代表との話し合いでなされる**私的整理**があります。

法的整理には、債務者の全財産を取り上げてそれを換金し、担保権者には担保から弁済を、その他の債権者には残りの分から全員に債権額に按分して支払う清算型の法的整理（**破産手続、特別清算手続**）と、今までの仕事の実績を生かして事業を続けさせ、その事業の収益も加えて弁済させる再建型の法的整理（**会社更生、民事再生**）があります。

法的整理のうち、破産手続と会社更生手続は、その開始決定・宣告があると、その企業の一切の管理・処分権が債務者から取り上げられ、裁判所の監督の下、すべて管財人の自由に整理が進められます。そのため、手続に関しては法律で詳細に規定されています。特に、更生手続では、多数決で決めた計画を少数の反対債権者にも適用するため、債権者保

第8章 会社の整理

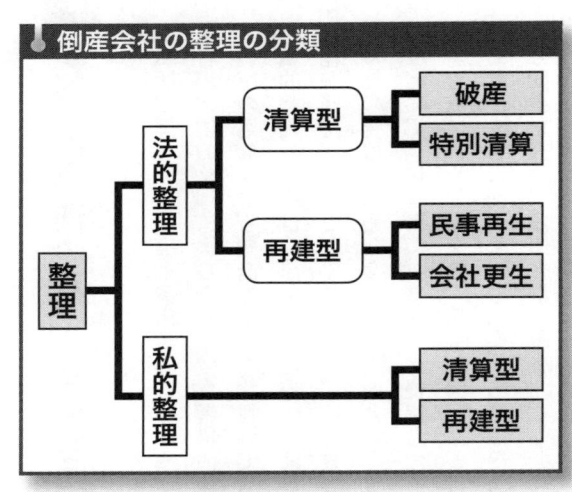

倒産会社の整理の分類

```
整理 ─┬─ 法的整理 ─┬─ 清算型 ─┬─ 破産
      │            │         └─ 特別清算
      │            └─ 再建型 ─┬─ 民事再生
      │                       └─ 会社更生
      └─ 私的整理 ──────────┬─ 清算型
                             └─ 再建型
```

護のためにも法律で細かく規定されています。

そのため、株式会社であっても小規模の企業の場合は、更生手続は適してないと言えます。

それに対して、民事再生や特別清算による手続は、債権者と債務者の自由な話合いにより基本を進めることとしていますから、法律の規定はそれほど細かく定められてはいません。

このように法的整理は面倒な法律上の手続が必要で費用や時間がかかるため、実際は私的整理手続を進めるケースが多いようです。

ただ、私的整理の場合、裁判所が整理手続に参加しないため、時には一部の債権者と債務者が結託して、善良な債権者を犠牲にして、勝手に整理手続を進めて、自分たちだけ得をするという危険があります。

2 私的整理の進め方① 私的整理とは何か

私的整理とは、事実上倒産状態になろうとしているか、またはすでに倒産状態にある債務者が、法的整理によらないで債権者集団側と債務の一部免除や支払いの猶予を求め、また資産の処分による弁済等につき裁判外で話合い、合意の上で債務の整理を行う手続です。

私的整理の長所は、法的整理と違い、面倒な形式的手続や処理を省略できることから迅速化が期待できることです。また、法的整理のように債権者側で整理開始当時に予納金やその他の費用を準備しなくてもよいという点でもメリットがあります。債権者団に対する債務者の協調によって、債務者が提出した財産目録と貸借対照表を承認し、また散逸した財産の取戻しや返還交渉、債権の回収などは、債権者が手分けして相手方と交渉し、現金があれば直ちに配当し、不動産があればそれを売却して配当可能な状態にし、手っ取り早く分配金を入手することができます。

逆に短所としては、制定法の根拠がないことから、債権者団の大部分の意思の合致を必

第8章 会社の整理

私的整理のメリットとデメリット

メリット	①	自主的で柔軟な解決が可能
	②	コストが安く済む
	③	迅速な解決が期待できる
デメリット	①	不公正な手続になる恐れがある
	②	不公平（一部債権者に有利）な配当になる恐れがある
	③	一部債権者の反対で挫折する恐れがある

要とし、一部債権者の反対があったときは対応処置をとらなくてはなりません。私的整理の本質は和解契約であり、契約自由の原則が支配することから、一握りの邪魔な債権者や法律に詳しくない人々だけでやったりする場合は不平等な処理を行うことになり、無知な債権者が事件屋や整理屋の格好の餌食となることがあります。その結果、出席債権者や献身的な債権者委員会の努力にもかかわらず、一握りの債権者のために私的整理は挫折することになります。

私的整理は、倒産会社の整理方法として現在最も多く行われている方法ですが、どのような場合に成立可能なのかを、しっかり見極めることが大切です。

3 私的整理の進め方② 私的整理の開始

私的整理の準備段階としては、一部債権者の実力行使（実力で機械や商品を搬出すること）や債務者の財産隠匿や財産の不当処分を防止するために、債務者の印鑑（代表者個人の印鑑も）、主要帳簿等の保管などを図る必要があります。また、自社商品については、動産売買の先取特権を主張し、債務者の納得を得て引き上げておきます。

第1回の債権者集会は、①債務者または代表者が債権者に陳謝し、倒産までの経過説明と報告→②債務者の資産・負債の現況、および貸借対照表・損益計算書の説明→③現在までにとられている処置（商品の保管、売掛金回収等の状況、債権者の仮差押等の有無・内容）→④債権者側による議長の選任→⑤債務者に対する質疑応答→⑥債権者委員の選任→⑦債権者委員会の任務・権限を明らかにして承認、という流れで行われるのが理想です。

多数の人が構成する債権者集会において、1つの団体として債務者や利害関係人と交渉するためには、どうしても少数の代表者（**債権者委員**）を選任し、その債権者委員会が債

債権者委員会の役割

```
債権者集会
    │
    │ 委任（私的整理手続を遂行）
    ↓
債権者委員会
```

権者団体の代表として働くのでなければ、迅速かつ能率的な処理ができません。債権者委員会は私的整理を行うに当たって必要な機関です。したがって、債権者集会の後、速やかに委員会を招集して委員長を選任し、決議の方法・賛否の決定方法などについて委員会規約を作成し、また、直ちに債務者から委員会に印鑑や手持現金、預金通帳などの引き渡しを受け、勝手に資産の処分ができないように管理する必要があります。

委員会は、債務者の倒産原因の調査、業務経理内容の監査、資産の現況をつかみ、整理の方向を決定します。調査した事項、決定事項、処理事項などは議事録を作成しておく必要があります。

4 私的整理の進め方③ 債務整理契約から配当まで

　私的整理は、債権者と債務者が合意して取り決めることにより、法的な拘束力と根拠を持つことになります。また、この契約は単なる再建・債務の整理に関する契約ではなく、清算となる場合は債務者の全財産を信託的に譲渡する一種の信託契約となり、契約の効果は全債権者のためになされる性質を持つものですが、私的整理に同意しない債権者や担保権者、優先債権者にはその効力は及びません。契約の当事者は債権者団の代表者としての債権者委員会と債務者となります。

　私的整理では、債務者の全資産を処分して債権者に配当する①清算型と、債務者の企業を再建させ、またはその過程で債権者に再建の一部を弁済する②再建型とがあります。①清算型の場合には、債務者の全資産を債務者から信託的譲渡を受けて、債権者委員会において処分する場合と、債権者委員会が債務者の協力を受けて共同で処分する場合がありま す。資産の処分は処分代金を全債権者に配分するものですから、時期的になるべく早く価

配当金請求書の書式例

```
○○株式会社御中

  配当金請求書および債権放棄書

    金          円

1．私は平成○年○月○日開催された債
権者集会において協議された整理案、債
権額の10％配当、90％放棄に賛成し、
上記金額を配当金として請求します。
2．上記配当金の受領と引き換えに、私
の○○株式会社に対する残余債権を全て
放棄します。

              平成○年○月○日
    東京都港区南青山○丁目○番○号
        債権者　鈴木一郎　㊞
```

格、支払方法において有利な方法でおこなうべきです。一方、②再建型の場合は、倒産会社自体を円満に整理して建て直す方法と、第二会社を設立する方法とがありますが、後者の方法をとるケースが一般的です。

①の配当にあたっては、債権者集会を開き、経過報告と配当案を説明したうえで、了承を得ることが必要です。債権者には、配分率、日時、場所、配当を受ける条件などを書面で発送し、所定の日時場所で配当します。そして、最終配当の場合には、配当金の受領による残額債権の放棄、および破産、和議などの法的整理の開始があった場合には放棄しない旨の書面を取っておく必要があります。最終配分が終了すれば、私的整理の完了です。

5 破産手続きの進め方① 破産の申立

破産手続は「債務者の財産等の適正かつ公平な清算を図るとともに、債務者について経済生活の再生の機会の確保を図ることを目的」とし、厳格な手続を定めています。

破産の申立は、債務者が支払不能の場合（支払いを停止した場合）、債務者が法人の場合はそれに加えて債務超過の場合に、債権者または債務者自身が裁判所に申立てることができます。債権者が申立てる場合は、自己の債権の存在と、破産原因の2つを疎明しなければなりません。破産手続開始の申立てをするときは、申立人は、破産手続の費用として裁判所の定める金額を予納しなければなりません。

破産の申立がなされると、債務者審尋を行って破産原因の有無などを調べますが、その間に債務者が資産を隠匿したり、債権者が勝手に持ち去ったりすることがないように、裁判所は利害関係人の申立てまたは職権で、破産手続開始の申立てにつき決定があるまでの間、債務者の財産に関し、その財産の処分禁止の仮処分その他の必要な保全処分を命ずる

破産者の制限

① 居住、旅行の制限

② 引致、監守を命じられることがある

③ 通信の秘密の制限

④ 資格の制限がある
（弁護士などになれない）

⑤ 詐欺破産罪が適用されることがある

ことができます。

また、裁判所は破産手続開始の申立てがあった場合において、必要があると認めるときは、利害関係人の申立てまたは職権で、破産手続開始の申立てまたは決定があるまでの間、債務者の財産に対してすでにされている強制執行、仮差押え、仮処分または一般の先取特権の実行もしくは留置権による競売の手続のうち、債務者につき破産手続開始の決定がされたとすれば破産債権もしくは財団債権となるべきものまたは破産債権等を被担保債権とするものの手続、あるいは債務者の財産に対してすでにされている企業担保権の実行手続で、破産債権等に基づくものなどの中止を命ずることができます。

6 破産手続きの進め方② 破産手続開始とその後の手続き

　裁判所は、破産手続開始の申立てがあった場合は、破産手続費用の予納がないとき、不当な目的で破産手続開始の申立てがされたときを除き、破産手続開始の決定をすることになっています。また、同時に裁判所は、1人または数人の破産管財人を選任し、破産債権の届出をすべき期間、破産者の財産状況を報告するための債権者集会の期日、破産債権の調査をするための期間を定め、公告します。

　破産手続開始によって、破産者が破産手続開始のときにおいて有する一切の財産は、それが日本国内にあるかどうかを問わず破産財団となります。また、破産者が破産手続開始前に生じた原因に基づいて行うことがある将来の請求権についても破産財団に属することになります。ただし、標準的な世帯の3カ月間の必要生計費を勘案して政令で定める額に2分の3を乗じた額の金銭の他、差し押さえることができない財産については破産財団に属しません（自由財産）。この自由財産に関しては、破産者の申立てまたは職権で、破産

146

第8章　会社の整理

破産財団に含まれないもの（東京地裁運用例）

① 家財道具

② 解約返戻金の合計が20万円以下の保険返戻金

③ 居住用家屋の敷金

④ 処分価格が20万円以下の自動車

⑤ 退職金の8分の1相当額が20万円以下の場合の退職金

⑥ 電話加入権

者の生活の状況、破産手続開始のときにおいて破産者が有していた前項各号に掲げる財産の種類および額、破産者が収入を得る見込みその他の事情を考慮して、破産財団に属しない財産の範囲を拡張することができるとしています。

破産債権に参加する債権者は期日までに届出を出さなければなりません。そして、破産管財人は、債権届出期間内に届出があった破産債権について、認否書を作成しなければなりません。届出があった破産債権について、裁判所は破産債権者表を作成し、破産管財人が作成した認否書と破産債権者および破産者の書面による異議に基づいて調査します。

7 破産手続きの進め方③ 各種債権者の種類と優先順序

破産管財人が作成した認否書の各事項は、破産管財人が認め、かつ届出をした破産債権者が一般調査期間内もしくは特別調査期間日において異議を述べなかったときは、確定します。これにより、債権者は、①財団債権を有する者、②担保権を有する者、③破産債権を有する者、の3つの種類に分かれます。

財団債権とは、破産債権に先立って弁済される債権で、①破産債権者の共同利益のためにする裁判上の費用、②破産財団の管理、換価および配当に関する費用、③破産手続開始前に生じた租税等で、破産手続開始時に納期限が到来していないか、1年を経過していないもの、④破産手続開始前3カ月の破産者の使用人の給料、⑤破産手続の終了前に退職した破産者の使用人の退職手当のうち、退職前3カ月分の給与の総額金額、などを言います。

破産財団に属する財産上に担保権、質権および特別の先取特権を有する者は、別除権者として、破産手続によらずに行使することができます。特別の先取特権には不動産と動産

第8章 会社の整理

債権者への破産宣告の通知書式例

```
平成○年（フ）第○○号破産申立事件
                破産決定
東京都台東区○丁目○番○号
債務者○○株式会社
代表取締役○○○○
                    主文
債務者○○株式会社を破産者とする。
                    理由
一件記録によれば、債務者が、支払不能の状態にあることが認められる。
破産法126条1項を適用して主文のとおり定める。
                    記
 1  破産管財人            東京都○○区○番町○番地
                        ○○法律事務所
                        弁護士○○○○
 2  債権届出期間           平成○年○月○日まで
 3  第1回債権者集会期日     平成○年○月○日午後3時
 4  債権調査期日           平成○年○月○日午後3時
      平成○年○月○日午後○時宣告
      東京地方裁判所民事第○部
      裁判官○○○○
これは正本である。
   平成○年○月○日
   東京地方裁判所民事第○部
   裁判所書記官○○○○
```

の先取特権があります。動産の先取特権としては、原材料や製品を債務者に売り渡した債権者が、自分の売り渡した物の上に有するというのが典型的です。この他、商法または会社法の規定による留置権も特別の先取特権とみなされ、別除権とされています。

租税債権のような例外を除いて、破産手続開始前に生じた債権はすべて破産債権となり、配当手続によって公平に分配されます。しかし、同じ破産債権の中でも例外的に優先的に扱われる債権および劣後的な扱いを受ける債権があります。優先的破産債権の代表的なものは未払賃金や退職金で、劣後的破産債権のうち一般的なものは、破産手続開始決定後の利息です。

149

8 特別清算① 概要と申立

株式会社が、定款に規定する事由の発生や株主総会の決議などによって解散した場合、清算をしなければなりません。清算株式会社において、清算の遂行に著しい支障を来すべき事情がある場合、あるいは会社の財産がその債務を完済するのに足りない状態（**債務超過**）の場合には、裁判所は申立てにより特別清算の開始を命ずることになっています。

特別清算は、清算型の法的整理手続ですが、会社法の中で規定されているもので、独立した法律はありません。同じ清算型法的整理である破産の場合は、会社の全財産を弁済に充当すれば、完済にならなくても手続が終了しますが、特別清算は会社の資産と負債をゼロにしなければ清算手続は終了しません。そのために、債務超過である清算株式会社は協定により債権者に債権の一部もしくは全部の免除を認めてもらわなければなりません。債権者集会で協定の可決が得られないようであれば、破産法による破産手続に移行します。

特別清算の申立てができるのは債権者、清算人、監査役または株主です。また、清算株

第8章 会社の整理

清算の種類

```
            会社の清算
               │
       ┌───────┴───────┐
       │               │ ①清算の著しい支障が
       │               │   ある場合
       │               │ ②債務超過の場合
    通常清算          特別清算
  裁判所の監督下に入ら   裁判所の監督下で手続
  ない              を行う
```

式会社に債務超過の疑いがあるときは、清算人は、特別清算開始の申立てをしなければなりませんが、予納金を納める義務があります。

特別清算の申立がなされると、裁判所は必要に応じて、清算株式会社についての破産手続、および一般の先取特権、その他一般の優先権がある債権に基づくものを除く清算株式会社の財産に対してすでにされている強制執行、仮差押え、または仮処分の手続の中止を命ずることができ、清算株式会社の財産に関し、その財産の処分禁止の仮処分その他の必要な保全処分を命ずることができます。

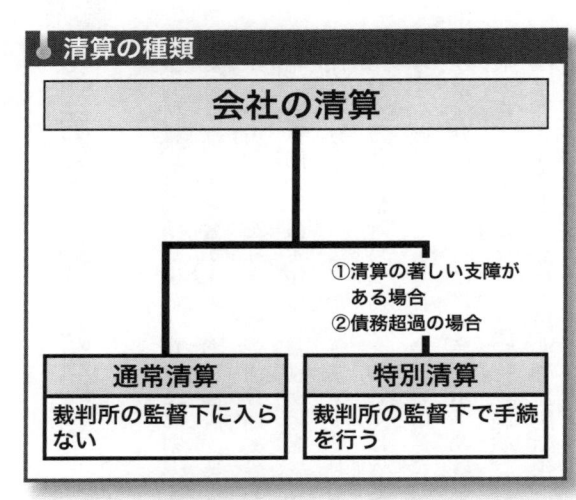

なお、申立の取り下げは特別清算開始の命令前に限りできますが、その後は裁判所の許可を得なければ、取り下げはできません。

9 特別清算② 特別清算開始

　裁判所は、特別清算開始の申立てに対して、特別清算開始の原因となる事由があると認めるときは、予納金が未納である場合、あるいは特別清算によっても清算を結了する見込みがない場合などを除き、特別清算開始の命令をします。

　特別清算開始の決定後は、裁判所は必要に応じて財産の処分禁止の仮処分その他の必要な保全処分を命ずることができます。そして、破産手続開始の申立て、清算株式会社の財産に対する強制執行、仮差押えもしくは仮処分または財産開示手続の申立てはすることができず、破産手続、清算株式会社の財産に対してすでにされている強制執行、仮差押えおよび仮処分の手続ならびに財産開示手続は中止されます。ただし、一般の先取特権その他一般の優先権がある債権に基づく強制執行、仮差押え、仮処分または財産開示手続については除外されます。また、特別清算開始後、清算株式会社が事業の全部もしくは重要な一部の譲渡をしようとする場合は、裁判所の許可を得なければなりません。

第8章　会社の整理

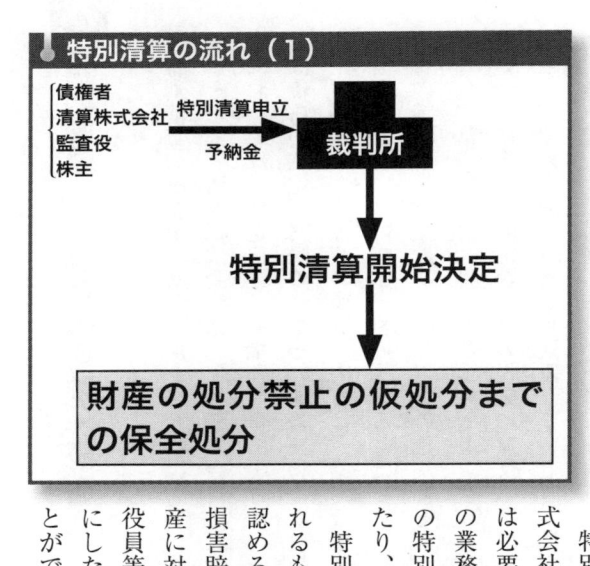

特別清算の流れ（1）

債権者／清算株式会社／監査役／株主 → 特別清算申立・予納金 → 裁判所

↓

特別清算開始決定

↓

財産の処分禁止の仮処分までの保全処分

特別清算開始の命令がなされると、清算株式会社の清算は裁判所の監督に属し、裁判所は必要があると認めるときは、清算株式会社の業務を監督する官庁に対し、清算株式会社の特別清算の手続について意見の陳述を求めたり、調査を嘱託することができます。

特別清算においては、役員の責任は免除されるものではありませんので、必要があると認めるときは、裁判所は役員の責任に基づく損害賠償請求権につき、当該対象役員等の財産に対する保全処分をすることができ、対象役員等の責任の免除の禁止の処分、1年以内にした対象役員等の責任の免除を取り消すことができます。

10 特別清算③ 協定の可決・認可

特別清算の実行上、必要がある場合には、いつでも債権者集会を招集することができます。そして、清算株式会社は、債権者集会に対し、協定の申出をすることができます。協定においては、協定債権者の権利の全部または一部の変更に関する条項を定め、その条項には債務の減免、期限の猶予その他の権利の変更の一般的基準を定めなければなりません。また、協定による権利の変更の内容は、協定債権者の間では平等でなければなりません。

債権者集会において協定を可決するには、出席した議決権者の過半数の同意、かつ議決権者の議決権の総額の4分の3以上の議決権を有する者の同意が必要です。協定が可決されれば、清算株式会社は、裁判所に対し、協定の認可の申立てをします。裁判所は、特別清算の手続または協定が法律の規定に違反しその不備を補正することができないものであるとき、協定が遂行される見込みがないとき、協定が不正の方法によって成立するに至ったとき、協定が債権者の一般の利益に反するとき、を除き、協定の認可の決定をします。

第8章　会社の整理

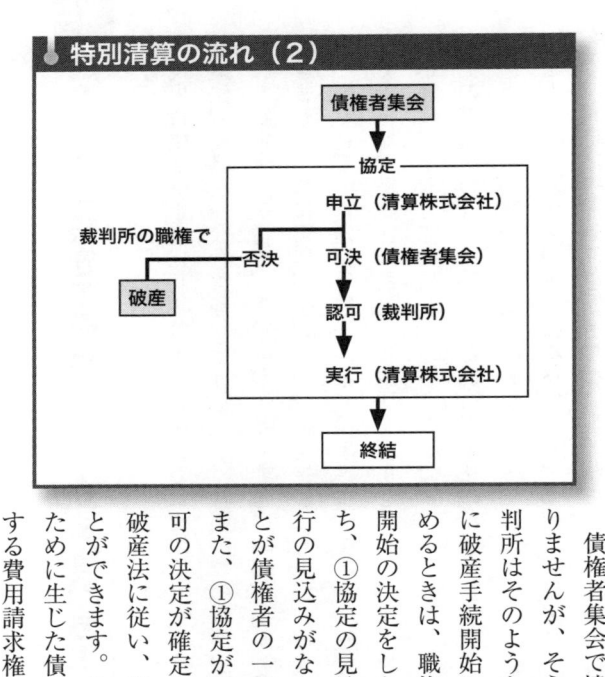

特別清算の流れ（2）

```
債権者集会
    ↓
  ┌─協定──────────────
  │      申立（清算株式会社）
裁判所の職権で  │
    否決─┤  可決（債権者集会）
  │      ↓
破産    認可（裁判所）
  │      ↓
  │    実行（清算株式会社）
  └──────────────────
         ↓
       終結
```

債権者集会で協定が可決されれば問題はありませんが、そうでない場合があります。裁判所はそのような場合を含め、清算株式会社に破産手続開始の原因となる事実があると認めるときは、職権で破産法に従って破産手続開始の決定をしなければなりません。すなわち、①協定の見込みがないとき、②協定の実行の見込みがないとき、③特別清算によることが債権者の一般の利益に反するときです。

また、①協定が否決されたとき、においても職権で、協定の不認可の決定が確定したとき、においても職権で、破産法に従い、破産手続開始の決定をすることができます。このとき、特別清算の手続のために生じた債権および特別清算の手続に関する費用請求権は、財団債権となります。

11 民事再生手続きの進め方① 立法経緯および概要

民事再生法は平成12年4月1日に施行された法律です。それまでの我が国の倒産法は、破産法、和議法、会社整理、会社更生法、特別清算の5法が存在していました。しかし、どれも制定年度が古く、手続きが煩雑で非常に時間がかかり、今の時代に即さないとされてきました。特に再建型手続法の会社更生法は大規模の株式会社向けの法律であることから、中小企業の再建型手続法として民事再生法を新たに施行し、それにともなって、それまでの再建型手続法であった和議法を廃止しました。民事再生法の大きな特色は、手続きを迅速に、そして簡素にしたということです。

他の倒産法の欠点を見直した民事再生法の特徴としては、①会社更生法が株式会社のみに適用される法律であったのに対し、すべての法人（株式会社、有限会社、医療法人、学校法人など）と個人が対象になっている、②和議法は破産原因が生じた時点でしか申請できず、同時に和議条件を提示しなければならなかったのに対し、破綻前でも申請が可能で

民事再生法と会社更生法の違い

	民事再生法	会社更生法
対象	中小企業向け（全ての法人と個人を含む）	大会社向け（株式会社のみ）
手続の執行	債務者（旧経営陣はとどまる）	管財人（旧経営陣は退陣）
裁判所からの手続開始決定	数カ月	1〜2年
再生までの所要期間	3〜5年	10〜20年

再建計画の提示も手続開始後に提出すればよい、③会社更生法は旧経営陣は退陣し、管財人が手続きの執行を行うのに対し、債務者が執行を行える、④再建計画における決議に和議法では出席債権者の過半数かつ総債権額の4分の3以上の賛成が必要であったのに対し、過半数かつ総債権額の2分の1以上の賛成で可決可能であるなどが挙げられます。

また、会社更生法では裁判所からの手続開始の決定が、1〜2年かかるのに対し、民事再生法の場合、申立てから数カ月程度と比較的早い時期に出され、計画遂行も会社更生法では10年〜20年が通常であるのに対し、民事再生法では3〜5年程度と、迅速に行われる点も大きな特徴です。

12 民事再生手続きの進め方② 再生手続きの申立

再生計画を定める手続を再生手続と言います。再生手続の申立は、債務者に破産手続開始の原因となる事実の生ずる恐れがあるとき、または債務者が事業の継続に著しい支障を来すことなく弁済期にある債務を弁済することができないときに、債務者もしくは債権者から申立をすることができます。つまり、すでに破綻している状態ではなく、まだ余力がある段階で申立をすることができるわけです。なお、申立をする際は、再生手続開始の原因となる事実を疎明し、予納金を収めなければなりません。

民事再生法では、再生手続開始になった場合、再生債務者が容易に再建できるよう、事業資産の利用確保のために力を入れているのが特徴でもあります。裁判所は、再生手続開始の申立てがあった場合において、利害関係人の申立てまたは職権で、再生手続開始の申立てにつき決定があるまでの間、破産手続または特別清算手続、再生債権に基づく強制執行、仮差押え・仮処分などの手続きの中止命令をすることができ、中止命令によっては再

第8章 会社の整理

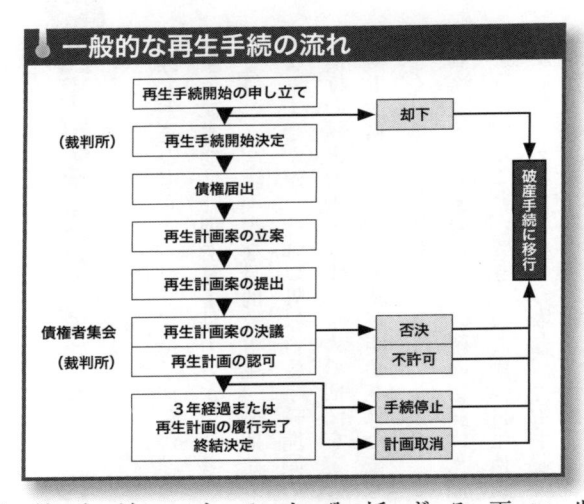

一般的な再生手続の流れ

```
(裁判所)    再生手続開始の申し立て ──→ 却下 ──┐
            再生手続開始決定                      │
            債権届出                              │
            再生計画案の立案                      │
            再生計画案の提出                      ├→ 破産手続に移行
債権者集会  再生計画案の決議    ──→ 否決 ────┤
(裁判所)    再生計画の認可      ──→ 不許可 ──┤
            3年経過または        ──→ 手続停止 ─┤
            再生計画の履行完了   ──→ 計画取消 ─┘
            終結決定
```

生手続の目的を十分に達成することができない恐れがあると認められるときは、すべての再生債権者に対し、再生債務者の財産に対する再生債権に基づく強制執行などの禁止を命ずることができます（包括的禁止命令）。包括的禁止命令をするときは、その旨を官報で公告し、その裁判書を再生債務者および申立人に送達し、かつその決定の主文を知れている再生債権者および再生債務者に通知することになっています。

また、別除権に関する担保においても、共益債権または一般優先債権でない限り、「再生債務者の財産につき存する担保権の実行手続の中止を命ずることができる」としています。

13 民事再生手続きの進め方③ 再生開始決定

再生手続の申立において、①予納金が納められていないとき、②裁判所に係属している破産手続または特別清算手続の方が債権者の一般の利益に適合するとき、③再生の見込みがないとき、④不当な目的で再生手続開始の申立てがされたとき、は申立を棄却しなければなりませんが、それ以外は再生手続開始の決定がなされます。裁判所は決定と同時に再生債権の届出と調査をするための期間を定め、官報に公告します。

再生債務者は、再生手続が開始された後も、その業務を遂行し、またはその財産を管理もしくは処分する権利を有しています。しかし、裁判所は必要があると認めるときは、再生債務者等が財産の処分、財産の譲受け、借財などの行為をする場合、裁判所の許可を得るようにすることができ、なおかつ再生債務者（法人の場合のみ）の財産の管理または処分が失当であるときなどの場合、再生手続の開始決定と同時、またはその決定後に、再生債務者の業務および財産に関し、管財人による管理を命ずる処分をすることがあります。

民事再生申立の棄却事由

① 予納金が納められていないとき

② 破産手続または特別清算手続の方が債権者の一般の利益に適合するとき

③ 再生の見込みがないとき

④ 不当な目的で再生手続開始の申し立てがなされたとき

再生手続開始後、再生債務者などが営業や事業の全部または重要な一部の譲渡をするときは、裁判所の許可を得なければなりません。裁判所は、再生債務者の事業の再生のために必要であると認める場合に限り、許可します。

また、裁判所は、監督委員に対し、再生手続開始の申立てがあった際に、監督を命じ、再生手続開始の決定があった場合、特定の行為について否認権を行使する権限を付与することができます。監督委員は再生債務者やその代理人、再生債務者が法人である場合、その理事、取締役、執行役、従業員に対して再生債務者の業務および財産の状況につき報告を求め、再生債務者の帳簿、書類その他の物件を検査することができます。

14 民事再生手続きの進め方④ 再生債権者の権利と再生計画

 再生債務者に対し、共益債権、一般優先債権を除く再生手続開始前の原因に基づいて生じた財産上の請求権はすべて再生債権となり、再生手続開始後は、再生計画の定めるところによらなければ弁済を受けることはできません。そして、そのためには債権届出期間内に再生手続に参加する必要があります。また再生手続に参加することにより、再生債権者は債権の区分により、その金額に応じて、議決権を有することになります。

 再生債務者等は、債権届出期間内に届出があった再生債権者について、その内容および議決権についての認否を記載した認否書を作成し、裁判所書記官はそれに基づき、再生債権者表を作成します。裁判所は認否書と再生債務者の書面による異議に基づいて調査をし、再生債務者などが認め、かつ調査期間内に届出再生債権者の異議がなかったときは再生債権の内容または議決権の額は確定します。

 再生債務者等は、裁判所の定める期間内に、再生計画案を作成して裁判所に提出しなけ

民事再生計画書の可決

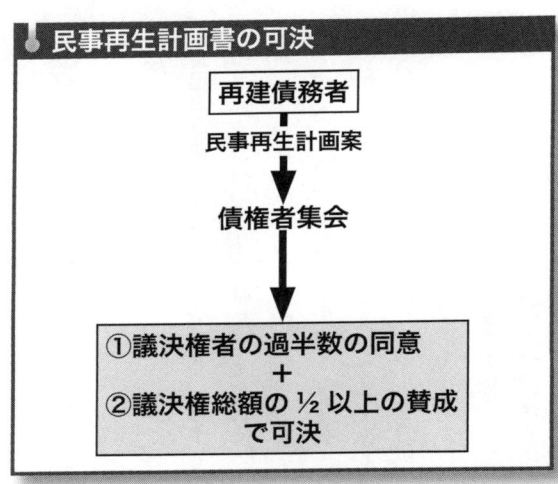

再建債務者

民事再生計画案

↓

債権者集会

↓

① 議決権者の過半数の同意
＋
② 議決権総額の ½ 以上の賛成
で可決

ればなりません。裁判所は、特別な除外要件がない限り、当該再生計画案を債権者集会の期日において決議に付する旨の決定をしもしくは書面等投票で決議に付する旨の決定をします。

再生計画案の可決には、議決権者（債権者集会に出席、または書面等投票をした者）の過半数の同意、かつ議決権の総額の2分の1以上の議決権を有する者の同意が必要です。

再生計画案が可決された場合、手続や計画、決議に違法がなければ裁判所は再生計画認可の決定をします。再生計画認可の決定が確定したときに再生手続は終結となります。ただし、監督委員が選任されている場合は3年を経過したとき、管財人が選任されている場合は再生計画が遂行されたときが終結です。

15 倒産防止と会社更生① 会社更生の概要と特徴

　会社更生法は「窮境にある株式会社について、更生計画の策定及びその遂行に関する手続を定めること等により、債権者、株主その他の利害関係人の利害を適切に調整し、もって当該株式会社の事業の維持更生を図る」ことをその目的としています。つまり、会社の債務を一時棚上げにして、組織体としての企業を解体せずに、その社会的経済的機能を保持させることで、会社の取引先・従業員・株主などが倒産のために受ける損害を最小限に食い止めることを目的としています（**倒産予防**）。ただし、事業経営者の保身を図るものではありませんので、経営者はすべての権限を失い、経営から排除されることになります。

　会社更生法の特徴としては、大企業の再建を目的としているため、国、公共団体、担保付債権者、一般債権者、労働者、株主、スポンサーなどの多数の利害関係人の関与が予定されており、更生手続が複雑かつ技術的になっていることが挙げられます。

　また、会社更生法は担保権者を思い切って拘束します。すなわち、破産法で別除権とさ

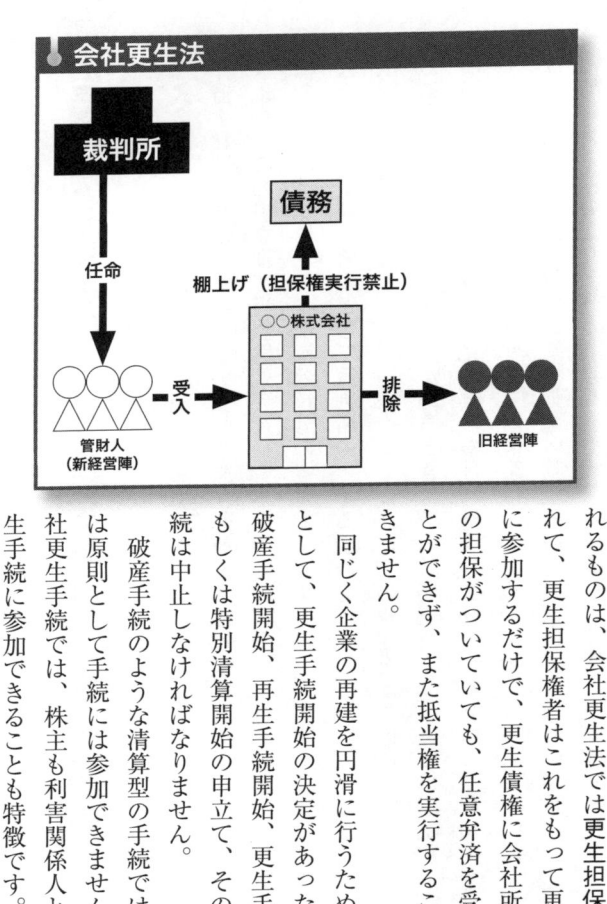

会社更生法

```
                裁判所
                  │
                  │ 任命
                  ▼
                                債務
                                 ▲
                                 │ 棚上げ（担保権実行禁止）
                                 │
   管財人      ──受入──▶  ○○株式会社  ──排除──▶   旧経営陣
   （新経営陣）
```

れるものは、会社更生法では**更生担保権**とされて、更生担保権者はこれをもって更生手続に参加するだけで、更生債権に会社所有物件の担保がついていても、任意弁済を受けることができず、また抵当権を実行することもできません。

同じく企業の再建を円滑に行うための措置として、更生手続開始の決定があったときは、破産手続開始、再生手続開始、更生手続開始もしくは特別清算開始の申立て、その他の手続は中止しなければなりません。

破産手続のような清算型の手続では、株主は原則として手続には参加できませんが、会社更生手続では、株主も利害関係人として更生手続に参加できることも特徴です。

16 倒産防止と会社更生② 会社更生手続（申立から開始決定まで）

　株式会社は、破産手続開始の原因となる事実が生じる恐れ、もしくは弁済期にある債務を弁済すれば事業の継続に著しい支障を来す恐れがある場合に更生手続を申立てることができます。この申立は、当該株式会社の資本金の額の10分の1以上に当たる債権を有する債権者、または総株主の議決権の10分の1以上を有する株主も申立ることができます。申立人は、更生手続の費用として裁判所の定める金額を予納しなければなりません。

　裁判所は申立を受理すると、当該申立てについての決定をする前に、開始前会社の使用人の過半数を代表する労働組合、ないときはその労働組合、ないときは開始前会社の使用人の過半数を代表する者の意見を聴かなければなりません。裁判所は、費用の予納後、速やかに申立または職権により、会社の財産保全のための保全処分をします。保全処分の内容は、①旧債務の弁済禁止、②不動産・動産等の処分禁止、③借財の禁止、です。

　裁判所は、会社更生を円滑に進めるため、会社について進行中の破産、再生、特別清算、

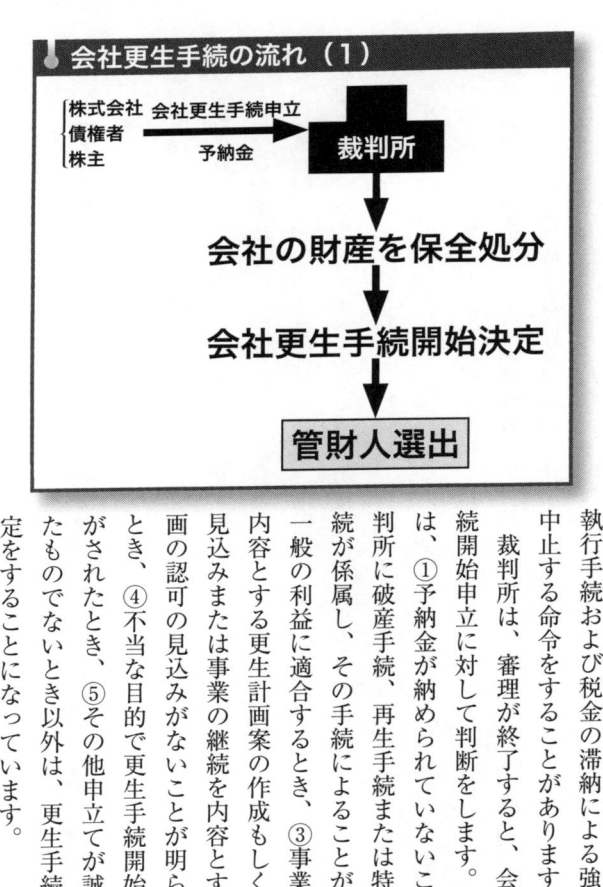

会社更生手続の流れ（1）

株式会社・債権者・株主 —会社更生手続申立/予納金→ 裁判所
↓
会社の財産を保全処分
↓
会社更生手続開始決定
↓
管財人選出

執行手続および税金の滞納による強制処分を中止する命令をすることがあります。

裁判所は、審理が終了すると、会社更生手続開始申立に対して判断をします。判断基準は、①予納金が納められていないこと、②裁判所に破産手続、再生手続または特別清算手続が係属し、その手続によることが債権者の一般の利益に適合するとき、③事業の継続を内容とする更生計画案の作成もしくは可決の見込みまたは事業の継続を内容とする更生計画の認可の見込みがないことが明らかであるとき、④不当な目的で更生手続開始の申立てがされたとき、⑤その他申立てが誠実にされたものでないとき以外は、更生手続開始の決定をすることになっています。

17 倒産防止と会社更生③ 更生手続開始から更生計画の認可

裁判所は、更生手続開始の決定と同時に、1人または数人の管財人を選任します。管財人は会社の経営および財産の管理、処分権を握り、更生計画案の作成、債権の確定手続など、大きな権限を持つので、その人選が会社更生手続の大きなポイントになります。

また、裁判所は、更生手続開始の決定と同時に、更生債権などの届出・調査をするための期間を定め、公告します。そして、棚上げされた債権を有する者は、この期間内に裁判所に届け出て更生手続に参加しなければ、権利を失うことになります。管財人、更生債権者、更生担保権者および株主の異議がなかった債権は確定し、債権者表にその旨の記載がなされると、確定判決と同一の効力を持つ債権となります。

関係者集会は原則として3回開かれます。第1回集会では、管財人が経過報告、将来の方針などを発表し、債権者は管財人の選任、会社の業務・財産の管理などについて意見を述べます。第2回集会は、管財人らが作成し、裁判所に提出した更生計画案を審議します。

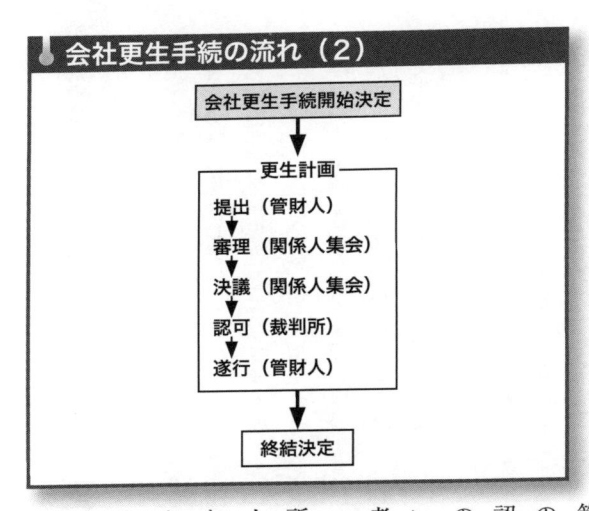

会社更生手続の流れ（2）

```
会社更生手続開始決定
    ↓
┌─ 更生計画 ─┐
│ 提出（管財人）│
│   ↓     │
│ 審理（関係人集会）│
│   ↓     │
│ 決議（関係人集会）│
│   ↓     │
│ 認可（裁判所）│
│   ↓     │
│ 遂行（管財人）│
└───────┘
    ↓
  終結決定
```

第3回集会は、更生計画案を受諾するか否かの議決を行います。可決されれば、裁判所の認可決定を経て更生計画案が確定し、以後その計画に基づいて債務の弁済などが行われていきます。議決は、更生担保権者、更生債権者、株主の3組に分かれて行われます。

更生計画案が関係人集会で可決され、裁判所がそれを認可すると、会社の経営は、管財人または更生計画もしくは裁判所の決定により権限を付与された取締役の手によって行われます。そして管財人は、経営から一歩後退し、取締役の計画の実行を監督することになります。

裁判所は、計画通り債務の弁済が完了したとき、および計画の実行が確実なときに、更生手続終結の決定をします。

18 倒産防止と会社更生④　会社更生法上の各種債権の回収

　更生会社の所有財産について、特別の先取特権、質権、抵当権および商事留置権を有する者を更生担保権者と言います。ただし、担保物権が第三者の所有であれば、その債権は更生債権で更生担保権とはなりません。逆に債務者は第三者でも、更生会社から担保の提供を受けている債権は、更生担保権として取り扱われます。利息・損害金・違約金に関しては、更生手続開始の前日までの既発生分、更生開始の日から1年間の既発生分については、元本債権と併せて、担保権でカバーされる範囲内で更生担保権として認められます。

　更生債権には、次の3種類があります。①一般更生債権：更生手続開始前の原因に基づいて会社に対して生じた財産上の請求権で、更生担保権や優先・劣後債権に属しないものです。②優先債権：民法・商法における先取特権等によって一般の優先権が認められている更生債権のことで、従業員の未払給与・退職金が代表例的です。③劣後債権：一般更生債権より劣位に扱われる更生債権のことで、更生手続開始後の利息、更生手続開始後の不

更生債権

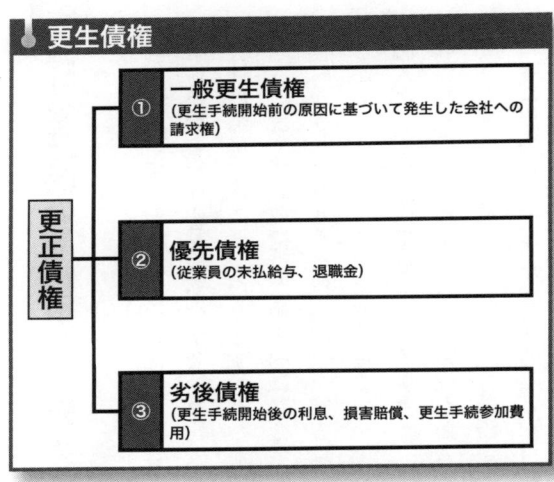

- ① **一般更生債権**
  (更生手続開始前の原因に基づいて発生した会社への請求権)
- ② **優先債権**
  (従業員の未払給与、退職金)
- ③ **劣後債権**
  (更生手続開始後の利息、損害賠償、更生手続参加費用)

履行による損害賠償および違約金、更生手続参加費用が代表例です。

更生会社の関係人の共同の利益のために会社更生手続の費用・会社経営および財産管理に必要な請求権は「共益債権」として、更生債権に先立って、随時弁済されます。

債権回収の心構えとしては、自分の債権が更生担保権なのか、更生債権なのか、共益債権なら優先か一般か劣後か、あるいは共益債権なのかを見極めることが肝要です。また、更生会社に債務を負担しているのであれば、相殺権を活用するようにしましょう。そのほか、更生会社に対するこげつき債権のため自社が倒産する恐れのあるときは、裁判所の許可を受けて弁済を受ける道があります。

19 会社整理時の取締役への請求①

会社において、その業務執行に関する意思決定を行う取締役会を構成する取締役、実際に業務執行を行う代表取締役が会社を代表して行った取引から生じた権利や義務は、すべて会社に帰属することになります。したがって、会社が倒産して整理されることになっても、取締役や代表取締役が個人的に債権者に責任を負うことは原則としてなく、債権者は会社に残された財産から債権回収を図る以外にありません。

しかし、次のケースでは取締役であっても債権者から請求を受ける可能性があります。

① 個人として保証人になっている場合

取引などの契約締結時に、取締役が個人として保証人になっている場合は、会社が支払をできなければ、取締役に債務履行義務が生じます。特に連帯保証人になっている場合は、債権者は取締役に直接に請求することが可能になります。

② 法人格が否認されている場合

取締役の責任を追及できる要件

① 取締役が職務執行に関して悪意または重過失があること

② その結果、第三者（会社の債権者など）に損害が生じたこと

小規模の会社の中には、形式的には会社の形をとっていながら、実態としては個人企業かそれに近い存在の会社があります。これらの会社は会社のオーナーが代表取締役を兼ねていることが多く、取締役会設置会社でも一度も株主総会や取締役会を開催せず形骸化していたり、倒産の際に株主や取締役として責任を免れるために会社制度を濫用している場合もあります。このような会社の場合、ケースバイケースで会社の法人格が否認されることが判例で認められており、取締役の責任を追及できることもあります。

③ 第三者に対する責任

次項で説明します。

20 会社整理時の取締役への請求②

第3章でも説明したように、取締役には第三者（取引先、債権者、消費者など）に対する損害賠償責任というものがあります。具体的には、取締役が職務を執行するにあたり、悪意または重過失があって、その結果、第三者に損害が発生した場合に発生する責任です。

したがって、会社が倒産し、その倒産の原因となるような重大なミスを取締役が犯していた場合、債権者は取締役の第三者に対する損害賠償責任を請求することができます。また、会社が倒産に至った行為が取締役会の決議に基づいて行われている場合、その決議に加わった取締役は、議事録上にその決議に反対して異議を唱えたことが明記されていなければ、その決議に賛成したものと推定されてしまいます。

倒産企業の多くは資力のない中小企業です。そのような企業が倒産したとき、債権者は取締役の責任を直接追及し、その財産を取りに向かいます。実際、多くの中小企業では、

第8章 会社の整理

代表取締役の力が強く、取締役会が形骸化し、その結果、代表取締役の不適正・不合理な経営が黙認、放置されていることが往々にしてあります。このような会社が倒産した場合、取締役が職務を怠ったと見なされても仕方なく、たとえ、平取締役であっても、取締役としての責任は免れないものになってきます。

このように、取締役たるもの、ただ単に形式的に取締役会に出席し、受動的に議事に加わっていては、責任が自分にも及んでくるかもしれないことを肝に銘じましょう。特に代表取締役が法令や定款違反の行為をしようとしているときは、取締役は取締役会を通じて代表取締役の業務執行が正しく行われるように務めるべき職務を負っているのです。

■監修者紹介
小澤和彦（おざわ・かずひこ）
1994年早稲田大学政治経済学部経済学科中退後、特許事務所勤務。ソフトウェア会社勤務を経て、1997年弁理士試験合格、1999年特許事務所設立。2003年司法試験合格。現在、第二東京弁護士会所属、弁護士（ひかり総合法律事務所）。
業務分野は、おもに企業法務、知的財産。著書に、『新・会社法で会社と仕事はどうなる？』（弘文堂）、『Q&A 新会社法の定款変更手続き』（総合法令出版）がある。

通勤大学文庫
図解法律コース3
取締役のための法律知識

2007年11月6日　初版発行

監　修	小澤和彦
編　者	総合法令出版
発行者	仁部　亨
発行所	総合法令出版株式会社

〒107-0052　東京都港区赤坂1-9-15
　　　　　　　　日本自転車会館2号館7階
電話　03-3584-9821
振替　00140-0-69059

印刷・製本　**中央精版印刷株式会社**
ISBN 978-4-86280-032-9

© SOGO HOREI PUBLISHING CO.,LTD. 2007 Printed in Japan
落丁・乱丁本はお取替えいたします。

総合法令出版ホームページ　http://www.horei.com